AF312202

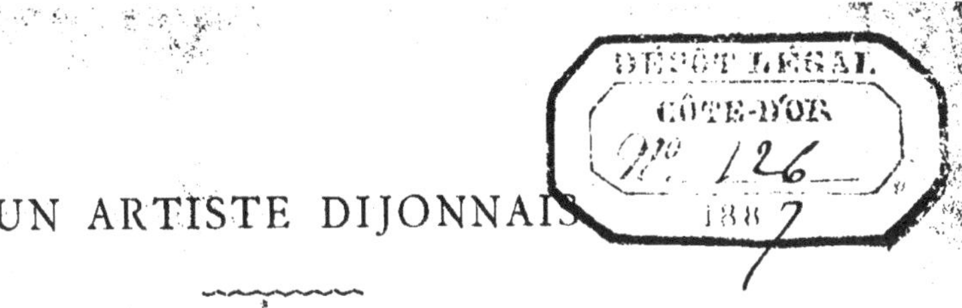

JOSEPH GARRAUD

STATUAIRE

Directeur et Inspecteur général des Beaux-Arts

1807-1880

PAR J.-René GARRAUD

NEVEU DE JOSEPH GARRAUD, PETIT-NEVEU DE FRANÇOIS RUDE
ET ARRIÈRE-NEVEU DE JEAN-PHILIPPE RAMEAU

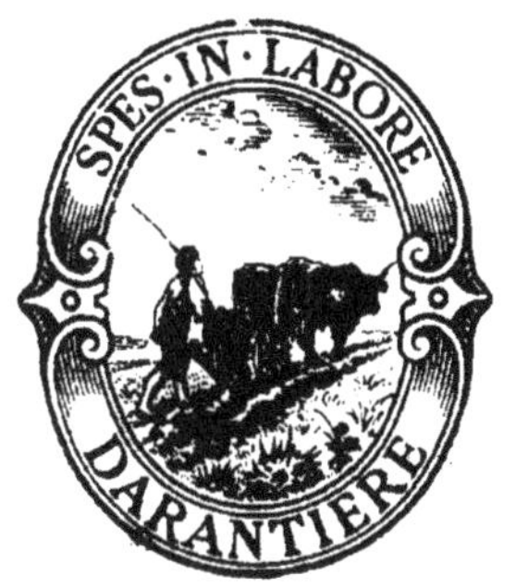

A DIJON

CHEZ DARANTIERE, IMPRIMEUR

65, Rue Chabot-Charny, 65

1887

UN ARTISTE DIJONNAIS

JOSEPH GARRAUD

STATUAIRE

Directeur et Inspecteur général des Beaux-Arts

1807-1880

Par J.-René GARRAUD

NEVEU DE JOSEPH GARRAUD, PETIT-NEVEU DE FRANÇOIS RUDE
ET ARRIÈRE-NEVEU DE JEAN-PHILIPPE RAMEAU

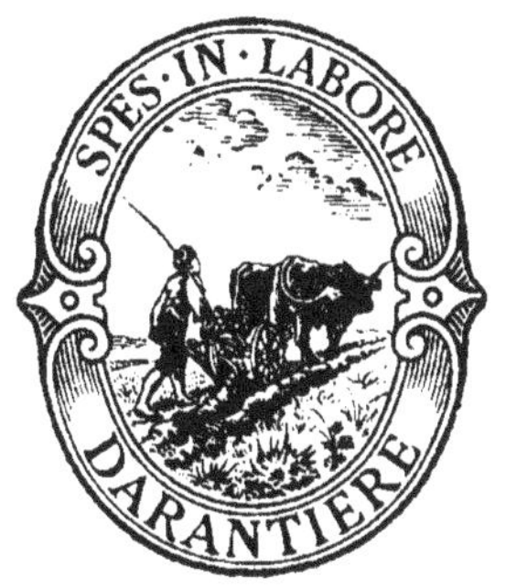

A DIJON

CHEZ DARANTIERE, IMPRIMEUR

65, Rue Chabot-Charny, 65

1887

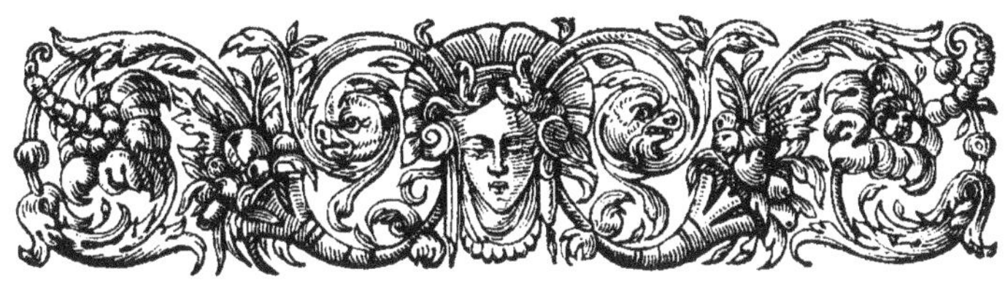

Amicus Plato,
Magis amica Veritas.

ette pensée exprime bien le sentiment qui m'a guidé en écrivant la biographie que l'on va lire. L'affection et la reconnaissance qui m'ont fait prendre la plume ne m'ont point fait oublier, je l'espère, les droits impérieux de la vérité. Aussi bien, je tiens à le déclarer hautement, je me contente du rôle de simple narrateur. Je ne veux ni approuver, ni blâmer, ni même juger les faits relatés, que je tiens de source certaine ou dont j'ai été témoin. Trop de motifs, que tous comprendront, m'imposent cette prudente réserve, pour qu'il soit nécessaire que j'insiste davantage.

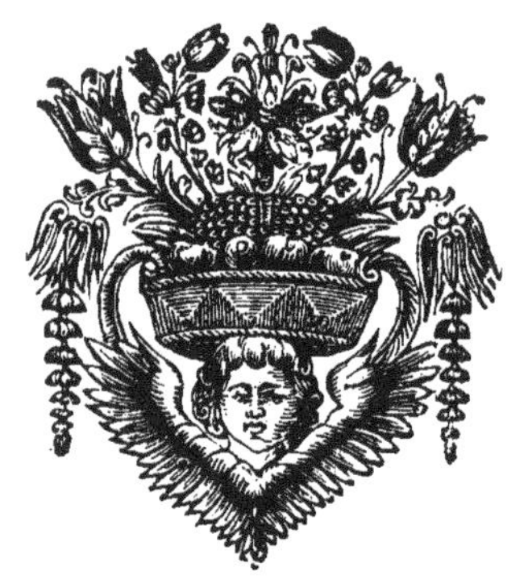

UN ARTISTE DIJONNAIS

JOSEPH GARRAUD

JUSTIFICATION DES TIRAGES :

Imprimé à 100 exemplaires sur papier vergé teinté
    —   6   —   — du Japon.
    —   6   —   — de Chine.
    —   6   —   — Whatman.
    —   6   —   — parcheminé.
    —   2   —   — parchemin.

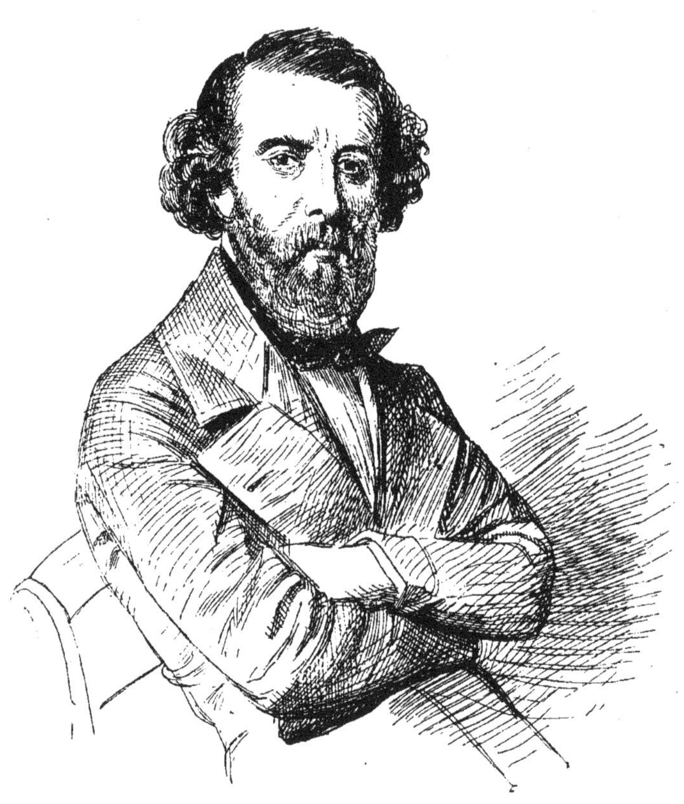

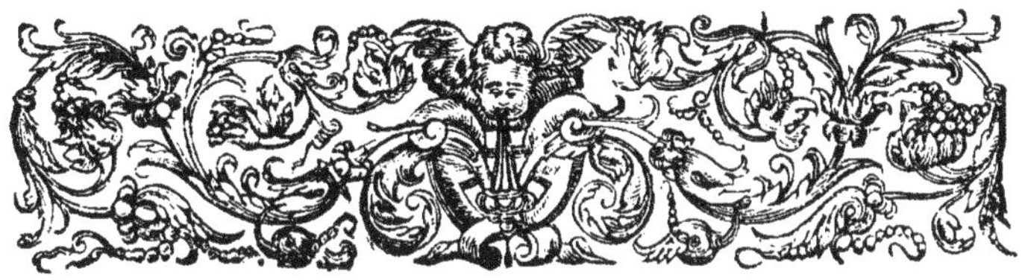

I

DE 1807 A 1825

Enfance. — Famille paternelle et maternelle. — Premiers
attraits pour l'art. — Premiers succès. — Une déception.
— Caractère et tendances. — Premières œuvres. — Départ pour Paris.

PAR une belle matinée d'automne de
l'année 1819, deux enfants sortaient de
Dijon et se dirigeaient par la porte
Guillaume vers la route de Plombières. Le plus
grand avait douze ans et s'appelait Joseph; il
tenait par la main Louis, son plus jeune frère,
moins âgé que lui de quatre ans. A l'allure vive
et alerte de leur marche, à l'entrain de leur con-
versation et à l'épanouissement de leurs visages,
on devinait sans peine la joie de leurs cœurs. Par

moment Joseph, dont l'œil vif avait déjà une pénétration profonde, qui annonçait pour l'avenir une mâle énergie, regardait son jeune frère, dont l'extérieur doux, un peu frêle et délicat, formait avec le sien un contraste frappant. Mais bientôt cette préoccupation passagère faisait place à la confiance dans un nouvel accès de bruyante gaieté.

Où allaient ces enfants, et pourquoi les voyait-on disposés à faire seuls et à pied une route relativement longue pour leur âge ?

Ils avaient entendu dire, dans la famille, que leur père travaillait à Velars, sur la montagne de Notre-Dame-d'Etang (1), où se trouvaient les ruines d'un vieux couvent.

Sans doute, le père de famille avait, au retour d'un de ses voyages, fait part à ses enfants de quelques-unes de ses impressions. Il leur avait parlé de la fraîcheur des bois fièrement campés sur les pentes abruptes de cette colline, de la

(1) On démolissait, à cette époque, le couvent des Feuillants, sur la montagne d'Etang. Le propriétaire avait chargé Jean Garraud, maître-menuisier, à Dijon, de surveiller cette opération, avec ses ouvriers, afin de conserver en bon état les boiseries et tous les ouvrages de menuiserie et de charpente qui se trouvaient dans les bâtiments.

limpidité des eaux, que l'on s'étonne de trouver aussi abondantes dans ce lieu élevé, de l'horizon gracieux, quoique borné, dont on jouit sur ces hauteurs. Peut-être avait-il fait quelques réflexions sur les restes, hélas ! mutilés, des splendeurs et des richesses artistiques de l'antique demeure que l'on livrait au marteau du démolisseur.

Ces derniers détails étaient plus que suffisants pour piquer au vif la curiosité de son fils Joseph, qui prit en secret la résolution de visiter les ruines du vieux monastère. Quelques jours plus tard, au lieu de prendre le chemin de l'école, il prit, avec son frère Louis, celui de Velars.

Comment leur père allait-il accueillir les fugitifs; pourrait-il, sans accident, conduire son jeune frère au terme du voyage, et quelle serait leur réception au retour ? Tout cela l'inquiétait bien un peu, mais cette inquiétude disparaissait vite à la pensée qu'il trouverait sans doute quelques restes des sculptures des vieux moines à examiner et quelques épaves à emporter.

Si nous nous sommes plu à rapporter cet épisode de l'enfance de Joseph Garraud, dès le début de sa biographie, c'est qu'il révèle bien, chez lui, à l'âge le plus tendre, la vocation artistique, qui avait déjà donné plusieurs marques de son existence.

Pour terminer de suite ce récit, disons que le père, heureux de voir ses enfants, leur fit le meilleur accueil. Pendant tout le jour, le futur sculpteur fouilla toutes les ruines et trouva amplement de quoi satisfaire ses goûts précoces. Le soir venu, on campa, comme on put, dans cette demeure abandonnée et peu hospitalière. Le lendemain, de grand matin, un de ces fidèles ouvriers (1) qui s'attachaient autrefois, pendant de longues années, à la famille de leurs maîtres, venait faire part des inquiétudes maternelles et rapportait à Dijon de rassurantes nouvelles des jeunes fugitifs.

C'est à Dijon, le lundi 23 mars 1807, qu'est né Joseph Garraud, dans la rue Pouffier, aujourd'hui rue Verrerie, n° 39. Il était fils de Jean Garraud (1779-1858) et de Anne Durupt (1784-1867). La maison où il vit le jour appartenait à Reine Pinard (1744-1832), veuve de Joseph Garraud (1749-1797), son aïeul paternel. Après la mort de

---

(1) Bernard Beurnot, dont la famille subsiste à Dijon, ouvrier tonnelier de Simon Durupt, maître-tonnelier, aïeul maternel de Joseph Garraud.

cette dernière, on céda, le 18 janvier 1833, à
M. Juillet du Bois de Saint-Pierre, ancien conseiller
laïque au Parlement de Bourgogne (1), cet immeu-
ble, qui était contigu à son hôtel, auquel il le réunit (2). Par ses ancêtres paternels, l'artiste dijonnais
appartenait à une vieille famille d'artisans bourgui-
gnons qui, depuis quatre générations, se succédaient
dans le même quartier de la ville et dans la même
profession. Son père, Jean Garraud, né en 1779 (3),
était maître menuisier rue Pouffier ; son aïeul,
Joseph Garraud, né en 1749 (4), exerçait la même
profession dans la même rue, comme son bisaïeul,
Pierre Garraud, né en 1711 (5). Son trisaïeul,
Vivien Garraud (6), né en 1683, était cultivateur
à Tauriac, province de Guyenne, aujourd'hui
département de la Gironde.

(1) *Histoire du Parlement de Bourgogne* par Des Mar-
ches, Chalon-sur-Saône, 1851, p. 153.

(2) Livre de raison de Anne Durupt, épouse de Jean
Garraud, année 1833.

(3) Contrat de mariage entre Jean Garraud et Anne Durupt, passé le 14 pluviose an XIII.

(4) Contrat de mariage entre Joseph Garraud et Reine
Pinard, passé le 17 février 1776.

(5) Contrat de mariage entre Pierre Garraud et Anne
Fournier, passé le 29 juin 1738.

(6) Contrat de mariage entre Vivien Garraud et Jeanne
Page, passé vers 1699.

Ouvriers laborieux, ces pères de famille vivaient honorablement de leur état et n'avaient d'autre ambition que d'élever leurs nombreux enfants (1).

On sait quelle perturbation apporta, dans les familles les plus paisibles, la Révolution française. Celle dont nous nous occupons n'en fut pas exempte. Joseph Garraud, aïeul du sculpteur, fut, comme tous les citoyens d'alors, enrôlé dans les rangs de la garde nationale. Après la chute de Robespierre, la réaction thermidorienne envoya des représentants dans les départements pour désarmer les terroristes qu'on dénonçait aux envoyés du gouvernement. Ce fut Mailhe, un méridional, qui vint à Dijon. Dans une séance extraordinaire (2), on ordonna le désarmement des terroristes reconnus, en exécution de l'arrêté du citoyen Mailhe, représentant du peuple, en

(1) Le père de Joseph Garraud était l'aîné de douze enfants, dont l'un est mort le 16 juin 1815, officier au 92ᵉ régiment d'infanterie de ligne, tué par une balle qui lui traversa la poitrine à Mont-Saint-Jean, en Belgique. C'était dans cette rencontre où, deux jours avant la bataille de Waterloo, Napoléon, atteignant Blücher dans les plaines de Ligny, lui fit éprouver une sanglante défaite. (Mairie de Dijon, état-civil 1815, n° 564.)

(2) Extrait des registres du Conseil général de la commune de Dijon, 7 messidor an III. Registre 10, p. 646.

mission dans les départements de la Côte-d'Or et de l'Yonne, du 24 prairial, portant qu'il n'a pas été à portée de faire discuter en sa présence, ainsi qu'il l'a fait dans d'autres communes, les motifs du désarmement qu'il a ordonné, conformément à la loi du 12 germinal.

Garraud père, menuisier, rue Pouffier, avait été dénoncé au conseil comme terroriste.

Après l'enquête qui fut faite, « il a été reconnu que Garraud était un homme tranquille, s'occupant de son travail, et il a été rayé de la liste des gens à désarmer. »

Cette déclaration, honorable pour celui qui en fut l'objet, est signée de noms connus à Dijon : « Durande, Artaud, Vailland, Dechaux, Muteau, Liégeard, Devosge, Volfius (1), Capel, Larché, Dumont, etc. »

Les papiers de famille que j'ai sous les yeux, les livres portant des suscriptions manuscrites de ce même Joseph Garraud, indiquent de sa part des habitudes paisibles toutes différentes de celles d'un terroriste. Cet épisode nous montre combien

----

(1) Alexandre Volfius, frère de l'évêque constitutionnel de la Côte-d'Or. Il était Conseiller de préfecture en l'an XIII (1804).

peu, dans ces temps troublés, les plus honnêtes citoyens pouvaient se promettre la paix et la sécurité dans leurs foyers.

Du côté maternel, le statuaire appartenait à la famille Durupt-Rameau. Les premiers étaient des maîtres tonneliers et les seconds des maîtres tondeurs de drap, qualifiés quelquefois de « bourgeois de Dijon (1), » tous sincèrement attachés aux institutions monarchiques de leur pays et tout dévoués à la royauté. Simon Durupt (2), Antoine Durupt (3), Louis Durupt (4) et Claude Durupt (5), s'étaient fait un nom honorable en travaillant pendant deux siècles pour les grandes familles de la Bourgogne dans les villes de Dijon, de Chagny et de Couches-les-Mines. Simon Durupt, l'aïeul maternel de Joseph Garraud, jouissait dans la ville de Dijon d'une grande répu-

(1) Procès-verbal de chasse à la requête de messire Bénigne Bouhier, marquis de Lantenay, 1776. (Papiers de la famille Rameau.)

(2) 1751-1826. Contrat de mariage entre Simon Durupt et Gabrielle Rameau (1762-1842), passé le 17 avril 1782.

(3) 1720-1768. Contrat de mariage entre Antoine Durupt et Jeanne Renaudin, passé en 1745.

(4) 1680. Contrat de mariage entre Louis Durupt et Etiennette Bressand, passé le 20 décembre 1714.

(5) 1650. Contrat de mariage entre Claude Durupt et Jeanne Joffroy, passé vers 1690.

tation de bonté et d'équité justement acquise, qui lui mérita la confiance des édiles de la Cité, par lesquels il fut maintenu jusqu'à sa mort, arrivée en 1826, dégustateur officiel de la ville de Dijon, fonction qui n'existe plus aujourd'hui (1).

L'artiste dont j'écris la vie se rattachait à la famille du grand Rameau par un lien de parenté non moins fort que les précédents, mais encore plus intime et plus touchant. Selon la coutume des vieilles familles, le jour même de la naissance d'un nouveau-né, on le portait à l'église et on laissait le soin de lui donner un nom à ceux qui le tenaient sur les fonts du baptême. Ce fut donc le jour même de sa naissance, le lundi 23 mars 1807, qu'un ami de Jean Garraud, son père, lui donna à l'église le nom de Joseph (2).

Il était accompagné par la vénérable aïeule maternelle de l'enfant, Gabrielle Rameau, femme d'une exquise bonté pour tous et d'une rare tendresse pour ses enfants. Celui qu'elle portait à l'église Notre-Dame de Dijon, sa paroisse, aura

(1) La maison de Simon Durupt, rue Verrerie, 33, appartient encore aujourd'hui à l'un de ses petits-enfants.

(2) Joseph Bornet, miroitier à Dijon. Actes religieux de Notre-Dame, 1807. Etat civil de Dijon, *ibidem*.

trente-cinq ans quand elle mourra ; elle pourra donc être l'heureux témoin de plusieurs de ses succès artistiques. En souvenir de cette vertueuse aïeule, l'artiste, qui avait reçu le seul nom de Joseph, aimera presque toujours à signer ses œuvres du double nom de Joseph-Gabriel. Il ne sera pas le seul, dans la famille, à garder ce cher souvenir. Dans toutes les branches de la descendance de cette épouse dévouée, de cette mère aimante, on retrouvera son nom (1). Celle qui portait ce nom de Gabrielle, traditionnel dans la famille du sculpteur, était fille de Bénigne Rameau (2) et petite-fille de Nicolas Rameau (3), proche parent du célèbre musicien Jean-Philippe Rameau.

Joseph Garraud, petit-neveu, par sa mère, du musicien Rameau (4), était le second de quatre enfants : Simon (1806-1842) ; Joseph (1807-1880) ;

(1) Dans les familles Garraud-Durupt, Auger-Durupt, Garraud-Giroux, Garraud-Hamelin, Auger-Quillot, Gouget-Venot, etc.

(2) Contrat de mariage entre Bénigne Rameau et Germaine Robot, passé le 15 février 1756.

(3) Né vers 1685. Contrat de mariage entre Nicolas Rameau et Anne Blin, passé vers 1710.

(4) En ligne collatérale maternelle du 3e au 7e degré.

Jean-Baptiste, mort en bas âge, et Louis (1811).
Dès ses plus jeunes années, et tout en fréquentant l'école primaire, il commençait déjà à s'exercer à ces travaux de modelage dans lesquels il
devait tant exceller plus tard. Les passants de la
rue Pouffier, et surtout les voisins du menuisier
Jean Garraud (1), voyaient assidûment un jeune
enfant de huit ou neuf ans à peine, sans cesse
occupé à pétrir sa terre sur le seuil de la boutique de son père pour en façonner de petits
objets, comme des attributs militaires, des ornements, et plus tard, de petites statuettes qui ne
manquaient ni de grâce ni d'originalité. Ce n'était là que l'indice et comme le signe révélateur
de l'art qui captivait déjà cette jeune intelligence.
Aussitôt qu'il fut en âge d'aller, comme on disait
alors, *à l'Académie*, Joseph se hâta de s'y faire
inscrire.

Tous les Dijonnais connaissent notre école des
beaux-arts, berceau de tant d'artistes distingués,
qui fut fondée par François Devosge, artiste lui-

(1) Les larges pavés de la rue Pouffier, devant la boutique du père de Joseph Garraud, ont longtemps gardé
l'empreinte du ciseau du sculpteur, enfant, qui y avait
gravé divers ornements.

même, bienfaiteur de la ville par son utile fondation et type du bon citoyen. C'est là que Joseph Garraud, comme précédemment François Rude (1), son illustre compatriote, et plus tard, son maître à Paris, fit ses premiers débuts. L'école avait alors pour professeur de modelage et de sculpture M. Nicolas Bornier, homme judicieux et impartial, qui ne tarda pas à remarquer l'ardeur au travail du nouvel élève et à deviner sa valeur future. Chaque année, au concours, le jeune Joseph obtenait les premiers prix de modelage; on cite, notamment, celui qu'il obtint en 1823 pour un bas-relief remarquable représentant *l'Amour* et *Psyché* (2), qui fut pendant longtemps conservé dans sa famille. Son auteur allait avoir seize ans.

Il ne se contentait pas d'étudier à l'école; toute œuvre d'art, partout où il la rencontrait,

(1) Joseph Garraud, frère de mon père, n'était point parent de François Rude. La parenté que j'ai avec ce dernier artiste me vient en ligne collatérale maternelle du 3ᵉ au 5ᵉ degré et celle que j'ai avec Rameau, qui m'est commune avec notre artiste, en ligne collatérale paternelle du 3ᵉ au 8ᵉ degré.

(2) Psyché, jeune princesse d'une grande beauté, épousée par l'Amour et admise dans l'Olympe. — Ce sujet a été traité par Giorgione au xvᵉ siècle et par Raphaël au xvıᵉ.

était pour lui l'objet d'une étude approfondie. Ce culte pour l'art, il le conserva pendant toute sa vie. Il me demanda, pendant les dernières années de sa vie, de l'accompagner dans les édifices religieux de sa ville natale, où il n'avait pu facilement pénétrer pendant sa jeunesse. Il n'eut garde d'oublier la crypte de notre vieille église Saint-Bénigne, encore ensevelie sous ses ruines pendant son jeune âge. C'est avec le plus vif intérêt qu'il y étudia les sculptures de l'enfance de l'art chrétien dans notre pays.

Dijon lui avait offert de nombreux et magnifiques sujets d'étude. Un critique compétent nous le montre avec ses émules étudiant le plus beau morceau de sculpture que possède la Bourgogne (1). « Le puits de Moïse (2), dit M. Fétu, est l'œuvre artistique la plus considérable de la Bourgogne. C'est une des merveilles extraordinaires qui sont la gloire d'un pays et qui exercent sur les imaginations une influence immense. Il est

(1) Compte-rendu des travaux de la commission des Antiquités du département de la Côte-d'Or, 1867, p. LXXXVI.

(2) Groupe de Claux Sluter ou Slutter, Hollandais, nommé en 1390, *imaygiez* du duc de Bourgogne. Répertoire archéologique du départ. de la Côte-d'Or. Dijon, Lamarche, 1866, p. 26.

vraiment le baptistère de nos artistes ! Hugues
Sambin, Dubois, Renaud, Ramey, Petitot, Bornier, Garraud, Rude, Diébold, Jouffroy, Guillaume, Travaux, Moreau et tant d'autres illustres
élèves de l'école dijonnaise ont puisé là leurs
inspirations. C'est un modèle accompli, lequel,
abstraction faite des étrangetés de proportion de
l'époque, forme un ensemble de toutes les qualités rêvées par le génie en unissant la plus
extrême délicatesse, le fini le plus précieux, le
naturel le plus parfait à l'idéal le plus élevé, à la
grandeur la plus imposante, au style le plus
poétique et le plus profond. »

C'est au milieu de ces études que notre artiste
eut, dans le courant de l'année 1824, sa première déception. On sait combien les artistes
ambitionnent la faveur d'aller à Rome étudier les
maîtres de l'art. Outre que ce privilège est déjà
une distinction qui signale leur talent naissant,
il leur fournit abondamment le moyen de le
développer par la contemplation et la copie
fidèle des chefs-d'œuvre des grands-maîtres. Pour
des motifs différents, il est vrai, mais également
regrettables pour eux, ni Rude, ni Garraud ne
purent jouir de cet avantage.

Avant de pouvoir concourir en loge à Paris pour le prix de Rome, il fallait concourir à Dijon afin d'obtenir la bourse que la ville octroyait au plus méritant des élèves de son école des Beaux-Arts. On avait donné, cette année-là, pour sujet du concours : *Achille blessé au talon* (1). Deux concurrents sérieux se disputaient le prix : François Jouffroy et Joseph Garraud. Le premier avait fait asseoir le guerrier mythologique sur le dos d'un esclave, le second lui avait donné un rocher pour siège et tous deux le représentaient arrachant du talon vulnérable la flèche meurtrière.

Le jury se montrait indécis pour attribuer la supériorité à l'un des deux ouvrages. M. Bornier cherchait à vaincre cette indécision par ses préférences avouées pour l'œuvre de Garraud. Toutefois on ne crut pas devoir trancher la question en faveur de ce dernier et on prit la résolution, vu l'égalité du mérite, de donner le prix au plus âgé des deux concurrents. C'était Jouffroy qui,

(1) Sa mère, en le trempant dans les eaux du Styx, l'avait rendu invulnérable, *excepté au talon*, par lequel elle le tenait pour son immersion. Suivant les Homérides, il fut percé au talon, d'une flèche lancée par Pâris et mourut.

né en 1806, avait un an de plus que son compatriote.

Cette décision froissa vivement Joseph Garraud qui en ressentit un violent dépit : il rejeta la seconde couronne qui lui était offerte et brisa son œuvre.

Cet acte d'indépendance nous amène naturellement à parler des tendances et des aspirations qui commençaient à se faire jour chez le jeune artiste. De tout temps, dit un auteur bourguignon (1), « les Dijonnais se sont signalés par leur dévouement aux idées de liberté et de progrès » qui caractérisent les sociétés modernes. Leur tête ardente et leur cœur chaud les disposent facilement à rejeter toute entrave et à poursuivre l'émancipation (2).

Né quelques années après le grand mouvement qui venait d'agiter la France et dont le souvenir était vivant dans toutes les mémoires, Joseph Garraud ne reçut durant les années de la malléable enfance, et contrairement à ses an-

(1) Justin Ledeuil : *La Révolution à Dijon* (1789-1795). Paris, librairie Dumoulin, 1872, p. 1.
(2) On connaît le proverbe bourguignon : Bon cœur ; mauvaise tête.

cêtres, que des empreintes à l'effigie du peuple. Cette circonstance, et d'autres encore, influa singulièrement sur l'homogénéité de son caractère. On peut dire de lui ce qu'on a dit de Rude. Les convictions démocratiques lui étaient tellement naturelles, qu'elles ne lui coûtèrent jamais aucun effort et que la pensée de les défendre contre une concession ne lui vint même pas.

Les caractères de cette trempe, toujours identiques à eux-mêmes, ainsi que la suite de ce récit le montrera, et qu'on trouve à toutes les phases de leur existence autant et plus ressemblants au moral qu'au physique, ont été rares à toutes les époques. Ils le sont encore de nos jours ; aussi quand l'histoire nous en présente, devrait-on les étudier, même s'ils ne se recommandaient à l'attention que par ce côté ; à plus forte raison doit-on le faire, lorsqu'à leur valeur comme homme ils ont ajouté comme artistes des talents exceptionnels (1).

Quel que soit le jugement que l'on porte sur les idées libérales et démocratiques qui captivèrent l'imagination de Joseph Garraud dès sa

(1) Voyez : *Rude,* sa vie, ses œuvres. Paris, Dentu, 1856, p. 2.

jeunesse, on ne peut lui refuser cette justice que ses idées et ses principes ne varièrent jamais. Il aurait pu prendre, sans crainte d'être démenti, la devise des Vergy, dont il aimait tant à visiter les anciennes forteresses ruinées, « *Nec variare.* »

Le régime républicain, qui avait ses préférences, ne l'enrichit pas, nous le verrons : il ne lui en fut pas moins fidèle jusqu'au dernier jour.

L'émotion de sa première épreuve passée, le jeune artiste se remit au travail avec ardeur ; il fit extraire un bloc des belles pierres blanches que renferment les carrières d'Asnières, près Dijon, et l'année suivante à l'école des Beaux-Arts, établie alors dans l'ancienne chapelle du collège des jésuites, aujourd'hui la grande salle des études primaires de la rue de l'Ecole-de-Droit, il faisait figurer à l'exposition des Beaux-Arts une statue d'Orphée (1) jouant de la lyre, ouvrage de grandeur naturelle. Cette œuvre, la première création de son talent, qui devra subsister, un artiste consommé ne la renierait pas ; ce qui ajoute à son

(1) Orphée, poète et musicien ; il tirait de sa lyre, qu'il tenait d'Apollon son père, des accords si mélodieux, qu'ils attiraient les bêtes féroces, suspendaient le cours des fleuves et déplaçaient les arbres et les rochers.

mérite c'est que son auteur avait 18 ans seulement quand il la fit jaillir de la pierre. Cette même année, il exposait encore quatre bas-reliefs d'après l'antique, qui ornent aujourd'hui le piédestal de la statue du Gladiateur, au musée de Dijon (1), et un buste d'après nature. C'était le premier que ses mains habiles avaient modelé. Il avait consacré à sa famille les prémices du talent remarquable qu'on lui connaîtra plus tard, pour ce genre de travail. Ce buste était celui de son aïeul maternel, cet homme de bien dont nous avons parlé et que tout Dijon connaissait. Aussi en voyant ce buste à l'exposition les visiteurs, frappés du naturel et de la ressemblance de cet ouvrage, prédisaient au jeune sculpteur un brillant avenir artistique (2).

Le moment était venu pour Joseph Garraud de quitter Dijon et d'aller à Paris donner un libre essor à ses aspirations. La ville de Dijon venait d'ailleurs de lui accorder une pension de cinq cents francs par an pour favoriser ses études. Il dit donc adieu à sa famille et se rendit à Paris.

---

(1) Catalogue du musée de Dijon, 1883, p. 3o2, n° 1019.
(2) Ce buste de Simon Durupt est encore soigneusement conservé aujourd'hui à Dijon, chez le frère de l'artiste.

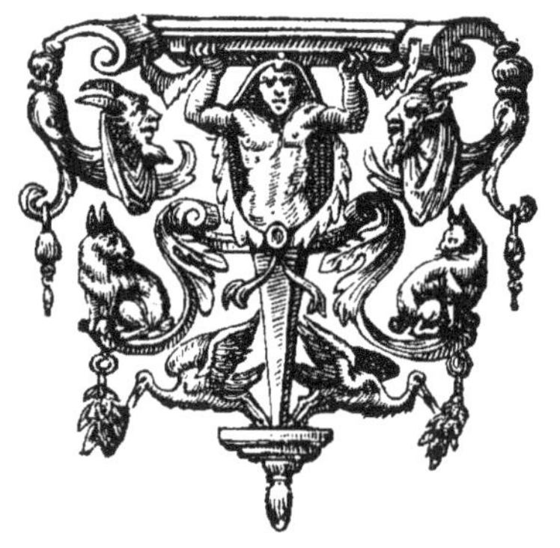

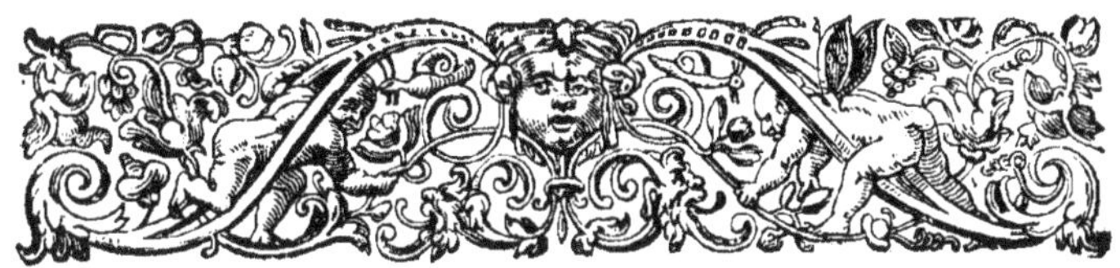

II

DE 1825 A 1830

Arrivée à Paris. — L'atelier de Ramey. — Sculptures de la
maison égyptienne. — Retrait de sa pension. — Conscription. — La Révolution de 1830. — Retour à Dijon.

E jeune sculpteur arrivait à Paris, riche
d'espérances, mais c'était à peu près sa
seule richesse. Les recommandations
flatteuses qu'il apportait et les succès qu'il avait
remportés dans sa ville natale lui ouvrirent les
portes de l'atelier de sculpture de son compatriote Ramey père. Il y donna bien vite les
preuves de son mérite; aussi, malgré son jeune
âge, on n'hésita point à lui confier les sculptures
de la maison égyptienne, du passage du Caire,

qui se construisait à cette époque. Ce fut son début dans la capitale. Il exécutait ces travaux en 1826. C'était fort à propos que le débutant les avait entrepris ; car une lettre signée Villedieu de Torcy et datée de Dijon du 5 janvier 1827, lui faisait savoir que la modique pension de 500 fr., qui lui avait été allouée par la ville de Dijon, cesserait de lui être servie. Il n'en avait joui qu'un an. Ce fut pour le jeune artiste une déception d'autant plus amère qu'il ne voyait rien, dans sa conduite, disait-il, qui pût justifier à son égard, cette mesure de rigueur.

Cependant le moment de la conscription arrivait, le sculpteur dut interrompre ses travaux et venir à Dijon en juillet 1828. Le livre de raison de sa mère (1) porte à cette date la mention suivante : « Joseph a tiré au sort le 8 juillet 1828 ; il a eu le n° 56. On a accepté le cas d'exemption qu'il a présenté le 8 septembre et il est reparti pour Paris le 10 du même mois. »

Deux fois, dans son enfance, par suite d'acci-

---

(1) Dans les anciennes familles, on avait coutume d'inscrire sur un livre, qu'on appelait : *Livre de Raison*, tous les événements principaux qui arrivaient dans la famille. La mère du sculpteur suivait cette coutume qu'elle avait vue établie dans les familles Durupt et Rameau.

dents, il avait eu au bras droit d'assez graves lésions dont il se ressentit pendant toute sa vie (1). Cette circonstance jointe aux espérances déjà justifiées qu'il donnait pour l'art, lui valut l'exemption du service militaire. C'est le 8 septembre qu'il l'obtenait, deux jours après il se hâtait de retourner à ses travaux.

La jeunesse de cette époque, comme toute jeunesse, était ardente et téméraire. Celle-là était peut-être plus que toute autre sensible au point d'honneur, surtout quand il s'agissait de politique. Lamartine, secrétaire d'ambassade à Florence, venait de croiser le fer, en février 1826, avec le colonel napolitain Gabriel Pepe, à cause de son poème de Cild-Harold, écrit à la mémoire de lord Byron, compatriote de sa femme. Les exilés d'Italie après la révolution de Turin et de Naples y avaient vu une insulte à leur pays, dans quelques vers mis par Lamartine dans la bouche du grand poète d'Angleterre (2).

(1) Contrairement à l'habitude des sculpteurs qui tiennent leur ciseau de la main gauche et frappent avec le marteau de la main droite, il tenait, pour cette raison, son ciseau de la main droite et se servait de la main gauche pour frapper avec son marteau.

(2) Voir le *Correspondant* du 25 août 1886, p. 677.

En France le moindre prétexte, la plus légère discussion politique amenait entre jeunes gens le même résultat. Deux hommes que Lamartine retrouvera plus tard (1) dans les salons du ministère de l'intérieur imitaient son exemple : James Demontry, dijonnais et commissaire extraordinaire du gouvernement provisoire de 1848 pour le département de la Côte-d'Or, se battait en duel à Dijon, avant 1830, avec un de ses compatriotes et Joseph Garraud faisait de même à Paris. Il me souvient que, me promenant avec lui en 1869, il me montrait, au milieu d'un des nombreux quartiers qui ont transformé le Paris d'avant 1830, en souriant de la folle témérité des jeunes gens, l'endroit où, pour un futil motif politique, il s'était battu en duel, dans les terrains vagues qui avoisinaient alors les boulevards extérieurs de Montrouge.

A peine avait-il repris ses travaux depuis quelques mois, que l'horizon politique s'assombrissait. On sait comment l'orage préparé par la formation du ministère du 8 août 1829 et la modification du cabinet du 29 mai 1830 éclata soudain le

(1) 1848.

26 juillet à la suite *des ordonnances*. Cédant le 25 juillet aux sollicitations de ses ministres présidés par M. de Polignac, Charles X, sous l'influence de la récente victoire d'Alger (4 juillet 1830) et en vertu des pouvoirs qu'il se croyait conférés par l'article 14 de la charte (1) constitutionnelle, venait de rendre trois ordonnances que l'opinion publique accusa d'en être une violation formelle. La première visait la liberté de la presse, la seconde établissait un nouveau système électoral et la troisième dissolvait l'assemblée nouvelle avant qu'elle se fût réunie.

Paris, en un seul jour, se souleva. Pendant trois journées, celles des 27, 28 et 29 juillet, que l'on a appelées les *trois glorieuses*, les rues de la capitale furent inondées de sang.

Après 15 ans de durée, la Restauration allait succomber sous les efforts concentrés des bonapartistes et des républicains. L'issue de cette lutte fratricide ne sera ni en faveur des uns ni à

(1) Le Roi est le chef suprême de l'Etat, commande les forces de terre et de mer, déclare la guerre, fait les traités de paix, d'alliance et de commerce; nomme à tous les emplois d'administration publique et fait les règlements et *ordonnances* nécessaires pour l'exécution des lois et la sûreté de l'Etat.

l'avantage des autres. Un nouveau gouvernement va surgir et inaugurer en France une ère de monarchie parlementaire. Mais auparavant la lutte devait être acharnée.

Un homme tout dévoué à l'empereur Napoléon Ier, dont il a grandi la mémoire dans notre pays, qui n'avait guère à se louer de la restauration, se trouvera tout prêt à la révolution de 1830. « Dès le matin du 28 juillet, le grenadier de l'île d'Elbe, Noisot (1) revêtu de son uniforme de la garde impériale, la cocarde tricolore au chapeau, guidait aux barricades les vieux soldats que la paix avait faits artisans et les ouvriers que sa voix appelait aux armes. » Ce fut lui qui, le 29 juillet, après avoir combattu toute la matinée, conduisit à l'Hôtel de Ville le général Lafayette, qui venait y prendre la direction militaire de l'insurrection et qui protégea, avec le général Raymond, la retraite de Charles X sur Cherbourg.

Au nombre de ces ouvriers et l'un des plus enthousiastes, se trouvait l'ardent statuaire de Dijon. Il ne connaissait plus de repos depuis que

(1) Notice sur le monument élevé à Napoléon, à Fixin, etc. Dijon, Loireau-Feuchot, 1847, p. 9.

les barricades s'étaient amoncelées dans Paris. Les balles ne l'avaient cependant point épargné. Il combattait quand même et se tenait toujours aux premiers rangs (1). La trêve de la matinée du 29 juillet venait d'expirer, la poudre parlait de nouveau ; on allait tenter un dernier effort pour enlever le Louvre. Il était une heure. Un jeune homme s'avance hardiment, arrive à l'une des grilles, le pistolet au poing et fait feu. Le coup n'étant point parti, il arme de nouveau son pistolet et somme les Suisses d'ouvrir les guichets. Cette sommation audacieuse obtient une prompte obéissance et les Suisses se replient sur les Tuileries. Ce jeune homme de 23 ans était le sculpteur Joseph Garraud. Lorsque, le soir de cette journée, le général Lafayette apprit ce trait de courage, il fit venir le jeune artiste et le pressa vivement sur son cœur (2).

On sait quel fut le dénoûment de cette lutte qui renversa le trône de Charles X et pendant laquelle on avait entendu proférer quelques cris

(1) *Le Progrès de la Côte-d'Or.* Lundi 7 juin 1880.

(2) *Evénements de Paris des 26, 27, 28 et 29 juillet 1830,* par plusieurs témoins oculaires. Imprimerie Defain, rue Racine. Audot, lib., rue des Maçons-Sorbonne. Paris, 1830, pages 58 et 84.

de : vive Napoléon II et même de : vive l'Empereur. C'était vers le fils de leur empereur le duc de Reichstadt, mort deux ans après (1832) à 21 ans, que se portaient les aspirations des soldats de l'empire. Dans le peuple on pensait déjà à celui qui 22 ans plus tard se nommera Napoléon III. Ces artisans de Paris, dont le sculpteur dijonnais partageait les opinions, compatriotes et contemporains de Louis-Napoléon, né à Paris en 1808, qui lui donnaient déjà leurs préférences en 1830, étaient loin de se douter des sévérités et des rigueurs qu'il exercerait à l'égard de plusieurs d'entre eux, quand, en 1851, il préparerait, par le coup d'Etat du 2 décembre, son élévation à l'empire. Nous en aurons un exemple dans le cours de ce récit.

Cinq jours après les événements qui venaient de s'accomplir dans Paris, Joseph Garraud était de retour à Dijon, où il venait revoir ses amis et prendre quelque repos dans sa famille.

A son arrivée sa mère écrit sur son journal : « Joseph est revenu de Paris le 5 août 1830, après la Révolution : C'est lui qui est entré le premier au Louvre ; il a été blessé à la hanche et à la main droite. »

L'époque dont nous parlons est encore peu éloignée de nous et cependant la différence qui existe entre nos relations actuelles avec Paris et celles qui existaient alors est considérable. Il nous est difficile de nous en rendre compte bien exactement. Les communications étaient loin d'être ce qu'elles sont aujourd'hui. Il ne fallait pas moins de 36 heures en diligence pour faire le trajet de Paris à Dijon. Aussi les rares voyageurs qui arrivaient étaient-ils accueillis avec avidité, surtout en temps de révolution où les nouvelles étaient palpitantes d'intérêt. Les jeunes gens de 20 ans de la génération de 1830 se font de plus en plus rares, ils sont octogénaires aujourd'hui ; eux seuls peuvent se souvenir et pourraient nous dire quelle fiévreuse ardeur inspirait à tous le parti libéral de cette époque. Toutes ces circonstances réunies expliqueront ce qui se passa à Dijon à l'arrivée du sculpteur après la révolution de juillet où il avait pris une part si active.

On tenait à faire une sorte d'ovation à celui que la voix populaire appelait : *le Héros de juillet*, surnom qui lui est resté.

La garde nationale et les compagnies de pompiers de la ville s'assemblaient(1). Leurs musiques jouaient des airs patriotiques en présence d'une foule immense qui acclamait le défenseur des droits du peuple et l'accompagnait jusqu'à sa

(1) Voyez *Journal politique et littéraire de la Côte-d'Or* (Carrion), du jeudi 5 août 1830, n° 94, p. 1, c. 2. — Dimanche 8 août 1830, n° 96, p. 1, c. 2.

« Le jeune Garraud, qui par son intrépidité a forcé les Suisses à lui ouvrir la grille du Louvre, est de retour dans son pays pour se guérir d'une blessure à la main et d'une autre à la hanche. Ses concitoyens ont revu avec joie ce jeune homme dont le nom s'unit à celui de tant de braves de son âge qui se sont distingués dans la lutte sanglante de la liberté contre le pouvoir absolu, dans cette lutte si funeste en sa courte durée et si heureuse par ses résultats. On a voulu lui donner un témoignage public de reconnaissance. Le jour de son arrivée, un détachement nombreux de la garde nationale et des pompiers lui a porté une couronne civique. Il a été harangué par M. le docteur Margue, qui, au nom de tous les amis de la liberté, l'a félicité, dans un discours très bien écrit, de la part glorieuse qu'il avait prise à la défense de la cause commune. Témoin de cette fête improvisée une foule immense applaudissait à l'offrande et la musique la célébrait par des airs patriotiques. »

Le Spectateur. Dimanche 8 août 1830, n° 50, p. 1, c. 1.

« Nous avons eu jeudi soir un spectacle digne des temps antiques. On avait appris dans la journée que le jeune Garraud, dont l'intrépidité s'était signalée à l'attaque du Louvre où il avait pénétré le premier, arrivait par la voiture publique. A 7 heures une compagnie de pompiers et un détachement de la garde nationale, suivis d'une foule immense, musique en tête, se sont rendus devant la maison de ce héros des trois journées. Une couronne d'im-

maison natale où une couronne civique lui était remise et où, après M. le docteur Margue, James Demontry le haranguait en ces termes :

« Amis et Citoyens,

« Nous recevons aujourd'hui l'ami courageux dont le zèle patriotique vous est signalé ; vos cœurs lui avaient sans doute déjà décerné l'hommage que votre bouche lui exprime en ce moment : mais c'est un devoir trop cher pour nous

mortelles se balançait pour lui au fer d'une bayonnette et on lui portait, pour lui être offert, un drapeau aux trois couleurs. Le jeune brave s'est montré à ses fenêtres, agitant de la main gauche (une blessure l'empêchait de se servir de la droite) le drapeau victorieux, déchiré, percé de balles, qu'il portait à l'assaut du Louvre. Bientôt il est descendu ; amis et étrangers, c'était à qui le serrerait dans ses bras. Alors M. Margue a prononcé un discours patriotique plein de force et d'enthousiasme et l'un de ses concitoyens, né James Demontry, lui a adressé une allocution qui a été à plusieurs reprises interrompue par les cris : Vive la liberté ! Vive le brave Garraud ! Enfin la couronne a été déposée sur sa tête, tandis qu'on arborait les trois couleurs à l'autre fenêtre pour pendant au drapeau vainqueur. Sa mère avait le visage baigné de larmes, plusieurs assistants pleuraient aussi d'admiration et d'attendrissement. On voulait le porter en triomphe par la ville ; il s'y est refusé ; une balle reçue à la cuisse lui causait de vives douleurs. On s'est séparé avec enthousiasme en répétant les mêmes cris. »

à remplir, pour ne pas y porter l'empressement qu'il réclame.

« Oui, noble ami, nous sommes fiers de te recevoir dans nos rangs. Si chacun de nous n'a pu partager tes périls, chacun s'enorgueillit de saluer en toi un héros dijonnais ; chacun est glorieux de dire que quelques-uns de nos concitoyens, et toi surtout, ont exposé leur vie pour la cause de la liberté, avec les victimes illustres, les généreux martyrs qui viennent de l'assurer par leur sang.

« Honneur donc à notre jeune et brave compatriote qui affrontant la mort a ouvert le premier le sanctuaire du despotisme d'où est tombé la bannière féodale pour faire place au drapeau populaire, signal de notre liberté.

« Gloire à notre ami !
« Gloire à Garraud ! »

La poésie elle-même, cette déesse qui inspire tout enthousiasme et qui a sa place marquée dans toute ovation, se mettait de la partie et une ode à la patrie, que nous reproduisons ici pour donner à notre récit la couleur locale, était dédiée au vainqueur des journées de juillet.

ODE A LA PATRIE

dédiée

A M. GARRAUD FILS

L'un des jeunes héros des mémorables journées des 27, 28 et 29 juillet

PAR M. GUSTAVE LE CLERC

Maréchal des Logis au 6ᵉ hussards (1)

Lève ta tête radieuse,
O France, honneur à tes enfants !
Qu'une palme victorieuse
Décore leurs fronts triomphants !
Vainement, d'arrogants ministres
Juraient, sous leurs trames sinistres
D'ensevelir nos libertés !
Sous l'effort du patriotisme
A succombé le despotisme
Et les derniers coups sont portés.

Bardes, que vos chants de victoire
Célèbrent encor des Français !
Viens, noble Muse de l'histoire,
Ouvre une page à nos succès !
Nous avons vengé notre injure...
Un prince à ses serments parjure

(1) Dijon, Décailly, libraire, place Royale, 1830, 90 vers.

A vu son sceptre aux pieds foulé !
Lui qui, d'une intestine guerre,
Osait nous menacer naguère,
Il fuit... son trône est écroulé.

Un grand peuple que l'on opprime
Doit s'élever contre ses rois ;
La révolte n'est plus un crime
S'il faut revendiquer ses droits.
D'un despote la tyrannie
Jamais ne demeure impunie :
Pourquoi se laisser écraser ?
L'oppression nous est horrible !
Et si la vengeance est terrible
Le tyran seul doit s'accuser.

Tremblez, ministres homicides !
Pour soutenir d'affreux desseins,
L'or tombé de vos mains perfides
Rendit nos guerriers assassins !
Esclaves de l'obéissance,
Vils jouets de votre puissance,
Vous les avez déshonorés !
Ah ! pour prix de tant de crimes,
Que tout le sang de vos victimes
Tombe sur vos fronts abhorrés !

Quel cri de terreur et d'alarmes
A frappé la grande cité ?
« Vengeons-nous, citoyens ! Aux armes !
« Français, sauvons la liberté ! »
Et soudain le fer étincelle.
L'airain mugit, le sang ruisselle,

Le plomb moissonne tous les rangs...
Semblable à la foudre en furie
Le bronze éclate et se marie
Aux voix plaintives des mourants.

Qui nous appelle à la victoire ?
Quel est cet auguste guerrier ?
Sur son front, d'un siècle de gloire
Il a ceint l'immortel laurier :
C'est Lafayette. O noble France,
Tu dois tressaillir d'espérance,
Lafayette combat pour nous !
Et toi, que tant d'honneur décore,
Grand citoyen ; revois encore
Un peuple libre à tes genoux !

Paris, sans armes, sans défense,
En un jour créa des héros !
Le croira-t-on ? L'adolescence
Leur a donné des généraux !
Victoire ! le tyran succombe !
Et sa chute entr'ouvre une tombe
Au despotisme audacieux.
Des Français la vieille bannière
Surgit de l'ignoble poussière !
La liberté descend des cieux !

Gloire à vous, phalange intrépide,
Martyrs de notre liberté !
Que l'honneur, d'une aile rapide,
Vous porte à l'immortalité !
Au cercueil on vous vit descendre !
Mais votre glorieuse cendre

Déjà parle au siècle à venir !
L'Univers suivra votre exemple :
La liberté vous doit un temple,
Et tous nos cœurs un souvenir.

Et vous, familles désolées !
Que les larmes de vos douleurs
N'arrosent plus leurs mausolées !
Leur gloire doit tarir vos pleurs !
Ils ont brisé notre esclavage !
Leurs noms de rivage en rivage
Seront proclamés immortels !
Défenseurs de droits légitimes
Ils ont péri, nobles victimes !
Mais leurs tombes sont des autels.

Quelque temps après ces événements, Joseph
Garraud recevait, comme le capitaine Noisot, la
décoration de juillet.

Pendant les mois qui suivirent, l'artiste resta
à Dijon où il s'occupait de son art. Il fit aussi,
dans le même temps, quelques excursions dans
les environs de Dijon et quelques courts voyages,
emportant toujours avec lui un grand album qu'il
illustrait de son facile crayon et dont j'ai retrouvé
quelques épaves chez son père 25 ans plus tard.
Parmi ces dernieres se trouvait un beau dessin de

Bourquin, réfugié neuchatelois, qui fut lithographié chez A. Jobard, à Dijon.

Les ruines de Vergy avaient toutes ses prédilections. Souvent, il partait à pied depuis Dijon, pour aller y passer de longues heures de laborieuse solitude. C'est au retour d'une de ces excursions qu'il fit une petite aquarelle représentant dans une pièce luxueuse de cette antique demeure la trop fameuse Gabrielle de Vergy en compagnie de Raoul de Coucy.

L'hiver qui suivit l'année 1830 étant passé et le calme nécessaire pour les travaux d'art étant rétabli, l'artiste songea à rentrer à Paris. Avant de quitter Dijon, il tenait à laisser à la ville un souvenir de lui et à se montrer reconnaissant de l'accueil qui lui avait été fait. De son côté la ville, qui ne voulait pas être, envers lui, en reste de générosité, lui rendait ses faveurs. Sa respectable mère nous explique ces deux choses dans son journal, avec sa naïve mais touchante rédaction : « Joseph a fait cadeau de sa statue (2) à la ville de Dijon ; elle est au musée. Il

(2) Orphée. (Voir : Catalogue du musée de Dijon, 1883, Mersch et Cⁱᵉ, p. 3oo. Notice biographique et p. 3o2, n° 1018.

a eu la pension de la ville qui est de 600 francs (1) et il est reparti pour Paris avec Belin (2), le six mai 1831. »

(1) 1er novembre 1830. Présentation au Conseil municipal du Budget de la ville de Dijon pour 1831. Voyez la *Petite Bourgogne*, n° du 1er novembre 1886.

(2) Architecte dijonnais, contemporain et ami du sculpteur, mort à Dijon quatre ans après ce dernier, en 1884.

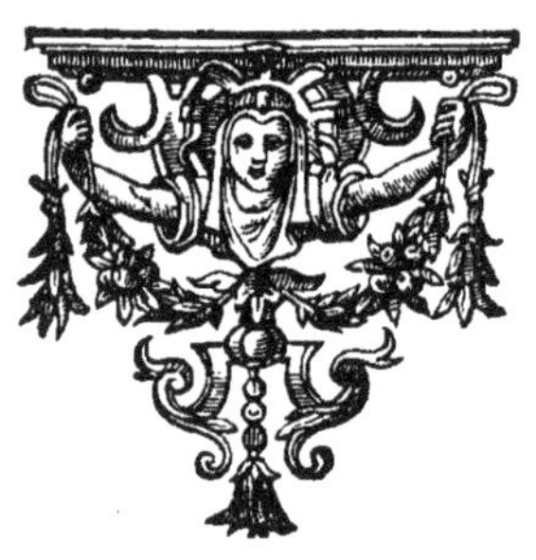

III

DE 1831 A 1848

Retour à Paris. — Ateliers de Ramey fils et de Rude. —
Hercule délivrant Prométhée. — Barbès. — La Jeune
fille à la Chèvre. — La Vierge-mère. — Bacchante faisant l'éducation d'un jeune satyre. — Le marquis de
La Place. — La première famille sur la terre. — Rude
et Garraud.

AUSSITÔT après son retour à Paris, le
sculpteur dijonnais s'occupa de reprendre ses travaux. Ce fut dans
l'atelier de Ramey fils qu'il commença. A cette
époque on travaillait aux sculptures du château
de Saint-Germain-en-Laye. Celles du fronton de
cet édifice lui furent confiées et il s'en acquitta
avec avantage. Mais il avait un désir, c'était de
se mettre en contact avec un homme d'une valeur

vraiment supérieure et qui jouissait d'une grande renommée, afin de prendre quelque chose de la puissance du maître. Rude (1) son compatriote était alors dans toute la plénitude et la force de son génie. Il ne fut pas difficile à Joseph Garraud, déjà connu et dont la patrie était à elle seule une puissante recommandation auprès du dijonnais Rude, de se faire admettre dans son atelier (2). Il y entra donc vers 1833 et n'en sortit, après un assez long séjour, que pour donner la preuve de son mérite. Il entreprit une œuvre importante, un groupe de deux personnages : Prométhée enchaîné sur son rocher pour avoir ravi le feu du ciel, et Hercule qui vient le délivrer (3) en brisant les chaînes qui le retiennent captif (4). Cette page de la mythologie, il la rendit avec une saisissante

(1) Voyez *Dictionnaire universel du XIXe siècle*, par Pierre Larousse. Paris, 1866-1878, T. VIII, p. 1050, article Garraud.

(2) Ephémérides Bourguignonnes. *Le Petit Bourguignon,* n° du 23 mars 1886.

(3) Prométhée, fut attaché sur le Caucase, où un aigle devait lui dévorer le foie, pour avoir emporté de l'Olympe le feu céleste avec lequel il voulait animer l'homme qu'il avait formé du limon de la terre. Au nombre des exploits d'Hercule est la délivrance de Prométhée.

(4) Nouvelle biographie, par MM. Firmin-Didot frères. Paris, 1862, t. XIX, p. 538. Article Garraud.

vérité. Le groupe mérita les honneurs du salon
en 1838 et une récompense du Jury (1).

Tous ceux qui ont vu cette œuvre à laquelle le
statuaire, qui avait alors trente ans, travailla
avec toute l'ardeur de la jeunesse, se sont plu à
en vanter l'énergie et la beauté. « L'Hercule délivrant Prométhée, de M. Garraud, dit le critique
Frédéric Mercey, l'Halali grec, de M. de Bay et la
Damalis de M. Etex, sont les meilleurs des douze
ou quinze morceaux et bas-reliefs que les sectateurs
de l'antique ont exposé cette année (2). » Ce
travail, qui fut le premier succès artistique de notre
compatriote à Paris, devrait figurer dans le musée
de la ville de Dijon. C'était le désir de l'artiste.
Il l'offrit à la ville de Dijon, en témoignage de
son affection pour elle. Cette dernière l'accepta,
mais à une condition, c'est que l'auteur se char-
gerait des frais d'emballage et de transport, autre-
ment dispendieux à cette époque qu'aujourd'hui.
Quelque jugement que l'on porte sur cette
décision de la municipalité de Dijon en 1838, on

(1) Catalogue de l'Exposition universelle de 1855, p. 481,
art. Garraud.

(2) *Revue des Deux-Mondes*, 1838. Salon, t. XIV, qua-
trième série, p. 406.

ne peut que la regretter. L'artiste garda son œuvre qui demeura longtemps dans son atelier et qui finit par être détruite.

Une spécialité que tous les statuaires ne possèdent pas, ou qu'ils ont à des degrés bien différents, c'est l'aptitude à reproduire fidèlement les traits d'un personnage dont ils font le buste. Dès le début de sa carrière Joseph Garraud montra qu'il avait un remarquable talent pour ce genre de travail. Nous énumérerons, à la fin de cette étude, dans la nomenclature de ses œuvres, quelques-uns de ces nombreux bustes que nous ne connaissons pas tous parce qu'il n'a pas pris lui-même la peine de nous en laisser la liste complète.

On cite comme un tour de force l'habileté d'un statuaire qui, après avoir examiné attentivement pendant quelques heures un personnage, possède assez sa ressemblance pour faire son buste de souvenir. Joseph Garraud était coutumier du fait ; son œil profond et pénétrant savait graver dans sa pensée le sujet qu'il voulait modeler : nous n'en citerons qu'un seul exemple.

Pendant les années qui suivirent la révolution de juillet 1830, bien des conspirations furent ourdies contre la monarchie qui régnait en France.

Il y eut plusieurs arrestations de conspirateurs.
De tous les procès qui leur furent faits, celui de
Barbès fut un des plus retentissants. Pendant
qu'il comparaissait devant ses juges, l'affluence
était considérable. Joseph Garraud était mêlé dans
la foule ; il ne quittait pas des yeux l'accusé et,
rentré dans son atelier, il modelait ses traits avec
cette puissance et cette facilité qui étaient les caractères de son talent. La ressemblance était si frap-
pante que la police ne pouvait s'y méprendre et
qu'elle venait saisir, dans l'atelier du statuaire, le
buste séditieux, dont il est resté néanmoins de
nombreuses reproductions.

Durant cette période de la vie de l'artiste, qui
s'étend de 1830 à 1848, parurent plusieurs œuvres
dont je n'ai pas la date bien exacte et que j'énu-
mérerai à la fin de cette étude, dans la liste, aussi
complète que possible, de ses ouvrages.

Je me contenterai donc de parler ici des œuvres
dont la date m'est parfaitement connue.

Dans la cour du restaurant de la Maison-Dorée,
à Paris, on remarque, au milieu d'un massif de
fleurs et de verdure, un groupe en bronze, plein
de grâce. C'est une jeune fille, debout, qui joue
avec sa chèvre. Ce travail, qui figura au salon de

1839, Joseph Garraud le modelait en même temps qu'il dirigeait les travaux de sculpture qui ornent l'extérieur de cette somptueuse habitation (1).

L'année suivante (1840), M. Girod de Langlade, pair de France, sollicitait de l'Etat une statue de la sainte Vierge pour l'église paroissiale de la ville d'Issoire. Cette église romane, du XIe siècle, d'un style très pur, possède un déambulatoire, avec une ceinture de chapelles rayonnantes. Celle du milieu est dédiée, selon l'usage, à la sainte Vierge. C'est sur l'autel de cette chapelle que se trouve la Vierge-Mère, modelée par le sculpteur dijonnais, auquel l'Etat confia sa commande, et qui fut exposée au salon de 1840. J'ai vu de fidèles reproductions de cette statue, haute de 2^{m}50. On ne peut pas dire que cet ouvrage soit empreint d'un caractère éminemment religieux, mais il y a dans l'attitude de la Vierge, dans sa pose et dans tout l'ensemble, beaucoup de simplicité, de candeur et de modestie qu'on ne trouve pas toujours dans les nombreuses reproductions du mystère de la Vierge-Mère. La sainte

(1) *Dictionnaire universel des Contemporains*, par Vapereau. Paris, Hachette, 1880. Article Garraud, p. 779.

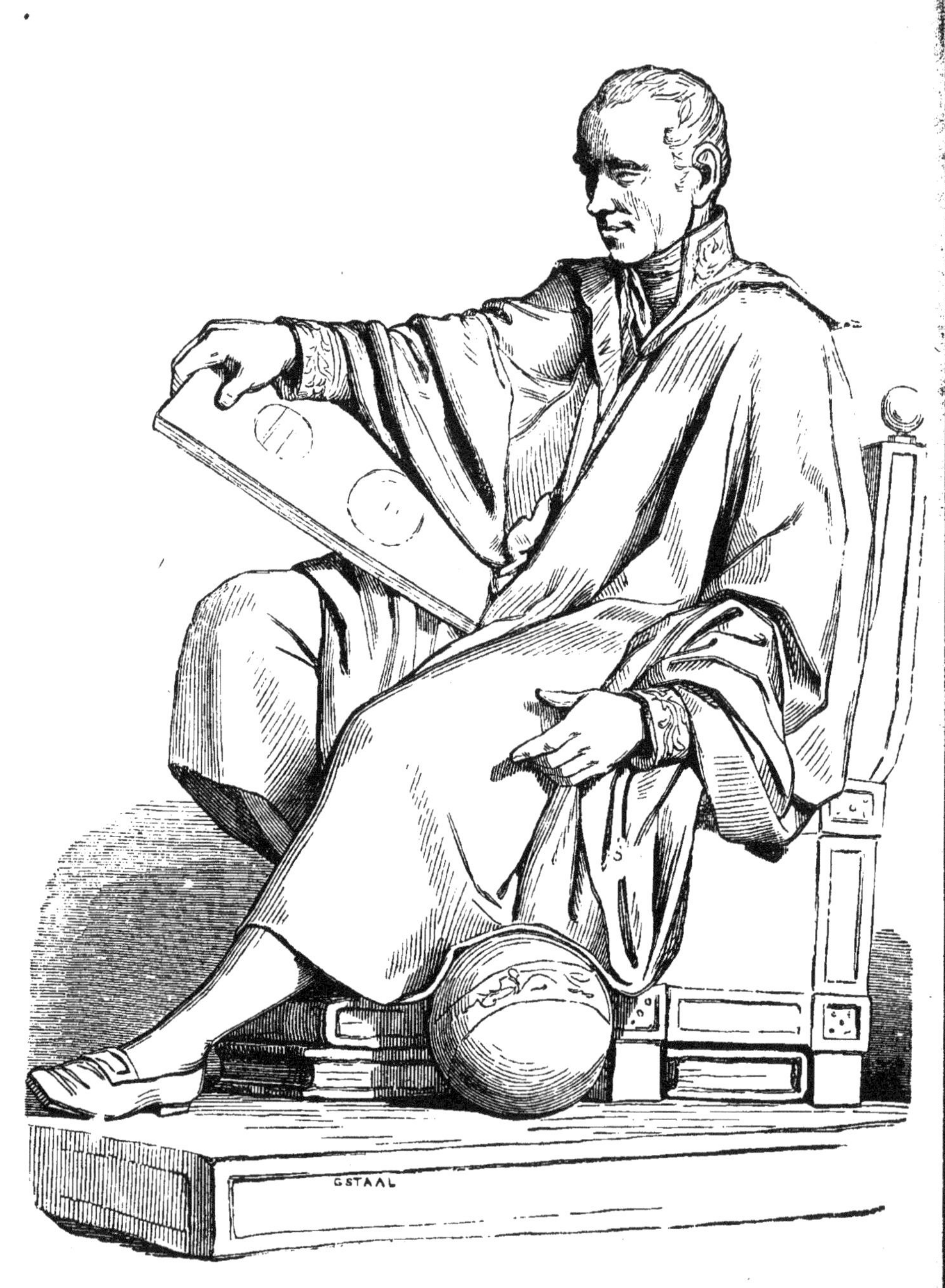

STATUE DE LA PLACE

Vierge est assise et tient l'Enfant-Jésus, debout sur ses genoux. Ce sujet de la Vierge et de l'Enfant Jésus, tant de fois traité par la statuaire, est vraiment inépuisable et constitue le programme le plus heureux qu'un artiste puisse désirer. L'œuvre dont nous parlons l'a prouvé une fois de plus.

En 1841, paraissait un groupe profane d'un style tout différent, représentant une bacchante faisant l'éducation d'un jeune satyre (1).

Les années suivantes furent particulièrement fécondes. Ce fut d'abord une statue en marbre du célèbre géomètre et astronome La Place 1749-1827 (2), que l'on voit dans la salle des cours d'Arago, à l'Observatoire de Paris. Assis dans un fauteuil, le savant, dont le front puissant révèle les hautes conceptions, fixe un regard scrutateur sur une tablette qu'il soutient de la main droite. A ses pieds, se trouvent les attributs des sciences astronomiques et géométriques : la sphère terrestre et le compas. Ce travail fut exposé et médaillé au Salon

(1) Bacchantes, femmes échevelées qui célèbrent les mystères de Bacchus. Satyres, divinités champêtres.

(2) La gravure de sa statue, œuvre de Garraud, est extraite du *Magasin pittoresque*, t. XII, p. 265, année 1844.

de 1844. « Après la statue de Portalis, dit le critique d'art L. Peisse, vient celle d'un autre grand dignitaire de l'empire qui, heureusement, ainsi que le savant et profond législateur, avait d'autres droits au marbre ou au bronze que ses honneurs et ses titres : le marquis de La Place. Dans cette figure assise de M. Garraud, la tête surtout montre des traces d'étude et de travail (1). »

En 1845, l'artiste achevait son œuvre capitale, sur laquelle nous devons nous arrêter un peu plus longuement, à cause de son importance. C'est un groupe en marbre de quatre personnages, représentant *la première famille sur la terre*. Ce sujet biblique est emprunté au verset 19e du IIIe chapitre de la Genèse. Adam, assis sur un rocher au pied duquel gît un tronc d'arbre arraché, a le bras droit appuyé contre son front et semble rouler dans son esprit de douloureuses pensées. A sa gauche, Eve le contemple avec inquiétude et soutient l'innocent Abel, endormi sur les genoux de

(1) *Revue des Deux-Mondes*, 1844, t. VI, 14e année, nouvelle série, p. 352. Voyez : Liste des artistes vivants ayant obtenu des récompenses antérieurement au 1er mai 1853 Paris, Vinchon, imp., rue J.-J.-Rousseau, 1853, p. 24. Consultez : *Le Salon de 1844*, par T. Thoré. Paris, chez Margana, 1844, p. 141.

sa mère, dont il rappelle les traits. A droite de son père, Caïn, qui lui ressemble, se tient debout, déjà fier et arrogant, laissant deviner le futur meurtrier d'Abel.

Nous ne saurions mieux faire que de reproduire ici les divers jugements qu'ont porté sur ce travail les critiques d'art qui l'ont étudié au Salon de 1845, où il fut exposé.

« Auprès du groupe de M. Gourdel, s'élève celui de M. Garraud (1). Ce dernier ouvrage représente la *première famille humaine*. Il est capital, et soit par l'importance du travail, soit par l'intérêt qui s'attache à une grande composition, il vaut qu'on s'y arrête. M. Garraud a puisé son sujet dans ce passage de la Genèse : « Dieu dit à « Adam : Vous mangerez votre pain à la sueur « de votre visage jusqu'à ce que vous retourniez « en la terre, d'où vous avez été tirés ; car vous « êtes poudre et vous retournerez en poudre (2). » Sous le coup de la malédiction divine, le père des hommes, Eve et leurs enfants durent se courber d'épouvante. Adieu la paix et le bonheur. Adieu

____

(1) *Revue indépendante*, Salon et année 1845, p. 238.
(2) Traduction de Sacy.

les heureuses journées d'une vie immortelle, les nuits étincelantes, sans ténèbres et sans terreur. Voici venir la fatigue, la souffrance, la mort ! La mort, mystère d'autant plus effrayant qu'autour des maudits nul être vivant ne s'est encore éteint. En creusant cette pensée, on découvre une désolation immense. Dans le groupe de M. Garraud, les deux principaux personnages en donnent fort bien l'idée. Nous avons cru comprendre que la famille, accablée, fait halte sur un roc contre lequel viennent se briser les primitifs instruments de travail inventés par le premier homme. Découragé par d'impuissants efforts, Adam se livre au désespoir ; derrière lui, Eve désolée, Eve suppliante, semble demander grâce pour elle, dont la séduction si rudement punie a causé l'universel malheur. Pauvre femme, elle traînera désormais un remords sans cesse attisé par les maux de ceux qu'elle aime. Ce trait, bien senti, est exprimé d'une manière touchante. Les yeux d'Eve implorent ceux d'Adam et Adam abandonne une de ses mains aux deux mains de son infortunée compagne. A la droite d'Adam, se tient debout le jeune Caïn, déjà dur et dédaigneux. Abel, nature douce et tendre, dort appuyé sur les genoux de sa mère. Le futur meurtrier jette sur la faiblesse de son frère un regard méprisant. Telle a été, si nous ne nous trompons, la pensée de M. Garraud. C'est là certainement une représentation énergique de la situation qui se prolonge à travers les siècles pour la plus grande partie de l'humanité.

Le jeune Caïn est à lui seul une figure digne d'attention. Mais, considéré relativement à la pensée du groupe, il serait à désirer, selon nous, que l'artiste lui eût conservé davantage, de même qu'à Abel, le caractère habituel de l'enfance. A côté de la désolation du père et de la mère, ces attitudes insouciantes déroutent la réflexion. A l'âge de dix à douze ans, les cœurs les plus durs, et à plus forte raison, les cœurs les plus faibles, se brisent sous le poids des grandes catastrophes » (Arthur Guillot).

Le journal *l'Illustration*, t. V (mars à août 1845), donne à la page 172 la gravure du groupe de *la première famille* et porte le jugement suivant sur ce travail, à la page 171 :

« M. Garraud, *la première famille sur la terre*. Ce groupe en marbre est composé avec habileté. On peut reprocher un peu de lourdeur aux deux figures principales. Le jeune Caïn est posé avec énergie, mais il me semble un peu théâtral. La tête d'Adam rappelle un peu trop celle de Jupiter, mais elle est d'une belle tournure. La seule figure qui fasse véritablement lacune dans ce groupe, c'est celle d'Eve ; elle est d'un aspect malheureux. L'artiste aurait pu être averti par une figure analogue, celle de la femme de Caïn, dans le tableau de M. Guérin, qui est au Luxembourg, de ce qu'il y a de contraire aux conditions de la beauté dans une figure vue en dessous. Eve, qui a appelé la malédiction du ciel sur la famille humaine, presse dans ses mains le bras qu'Adam lui abandonne ; elle pleure sa faute, mais en même temps elle cherche un appui et une consolation. Cette situation est bien rendue dans sa vérité. Cette œuvre compliquée, dans laquelle il y a beaucoup de science et de talent, est très remarquable. »

Voici le jugement qu'a porté sur ce travail le critique d'art le plus considérable de l'époque (1) :

Après avoir parlé de l'œuvre de Jouffroy, *Psyché abandonné par l'Amour*, M. Thoré ajoute : « M. Gar-

(1) Les Salons de 1844 et de 1845, par T. Thoré (qui a souvent écrit sous le pseudonyme de W. Burger). Paris, chez Margana, 1844 et 1845, p. 161. Publication qui a paru dans le *Constitutionnel* de 1845.

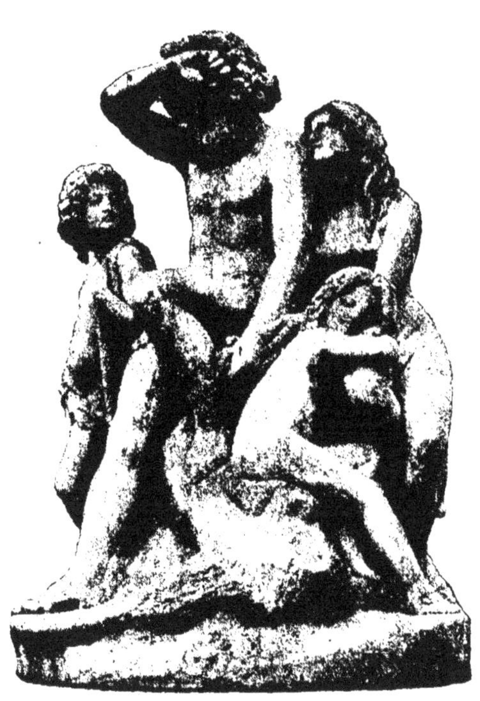

LA PREMIÈRE FAMILLE SUR LA TERRE

groupe en marbre au Jardin du Luxembourg

raud est remonté au delà du paganisme, jusqu'à la création du Monde. Son groupe de la *première famille sur la terre* est un ouvrage très considérable. L'homme, la femme et l'enfant, Adam, Eve et Abel sont mis en faisceau, Abel reposant sur les genoux de sa mère, qui enlace Adam de ses bras, comme le lierre, avec sa fleur, accroché au chêne. Le jeune Caïn, un peu isolé du groupe, en complète la symétrie. Les types pourraient être plus élégamment choisis ; mais il y a de bons morceaux d'exécution, M. Garraud est de force à tailler en marbre ou en pierre des compositions monumentales. »

On lira peut-être avec intérêt la lettre suivante, que j'ai reçue récemment au sujet de l'œuvre dont nous parlons :

MINISTÈRE
DE L'INSTRUCTION PUBLIQUE
et des Beaux-Arts

—

BEAUX-ARTS

—

DIRECTION
DES MUSÉES NATIONAUX

Palais du Luxembourg, 11 janvier 1887.

Monsieur,

Je suis heureux que vous m'ayez rappelé le souvenir de M. Garraud, que j'ai beaucoup connu et aimé en 1848. Je lui ai donné une preuve de bonne amitié en conservant à la belle place qu'il occupe son groupe *la première famille*, au moment où il courait risque d'en être enlevé. Vous pouvez vous adresser pour ses reproductions aux photographes, etc...

Agréez, Monsieur, l'assurance de ma considération distinguée.

Le Conservateur du Musée du Luxembourg,
Etienne Arago.

Ce groupe fut, en effet, acheté par l'Etat et placé au jardin du Luxembourg, dans la pelouse située à gauche du palais, en entrant par la grille de l'Odéon. Il repose sur un piedestal en pierre orné de guirlandes de fleurs et de fruits, au milieu duquel on remarque un bas-relief représentant la création d'Eve. Adam est couché et endormi sous un arbre, et, à côté de lui, Eve debout, s'incline devant Dieu le père qui, sous la forme d'un vieillard à grande barbe et revêtu d'une longue robe, tenant une baguette à la main, dans l'attitude du commandement, vient de tirer du néant notre mère commune.

L'auteur du groupe de *la première famille* allait

bientôt avoir quarante ans (1) ; il était dans la plénitude de son talent. Sa réputation de statuaire
était établie ; son nom était connu à Paris et justement honoré par ses compatriotes. Les personnages riches et haut placés de Paris bri-
guaient l'avantage d'avoir leur buste modelé par ses
mains. Il était le digne élève de François Rude ;
aussi, les Dijonnais ne manquaient pas d'associer
sa renommée à celle de son maître et à celle de
ses rivaux de l'école des Beaux-Arts, de Dijon.

Nous allons en citer quelques exemples :

En 1847, une œuvre d'art remarquable était
érigée à Fixin, près de Dijon. M. Noisot, l'ancien
compagnon de l'artiste, pendant les journées de
Juillet 1830, avait obtenu de Rude un monument
digne du grand empereur.

Parmi les nombreux hommages qui furent
décernés à cette occasion au grand artiste bourguignon, nous ne détacherons que celui-ci, dû à
M. Joliet, notaire (2).

(1) C'est à cet âge que le représente la gravure placée
en tête de cette biographie. Elle est la reproduction d'un
crayon d'un ami du sculpteur, M. Victor de Grandchamp,
qui a fait, en même temps, le portrait de la mère de Joseph
Garraud, conservé, comme le premier, chez son frère Louis·
(2) Notice sur le monument de Fixin. Dijon, Loireau-
Feuchot, 1847, p. 26.

« A l'Ecole des Beaux-Arts de Dijon !

« A cette institution éminemment utile et populaire, qui doit son origine au noble désintéressement et au talent distingué de François Devosge, cet artiste d'élite dont le nom appartient à la France, mais dont le caractère est resté parmi nous le type du bon citoyen !

« A cette Ecole, de laquelle sont sortis Prudhon, Gagnereaux, Devosge fils, Ramey, Petitot, Rude, le plus grand statuaire de notre époque !... Jouffroy, Garraud, et tant d'autres hommes remarquables, qui font l'orgueil de nos professeurs, la gloire de notre cité et le plus bel éloge de l'honorable président de cette assemblée (1).

« A l'Ecole dijonnaise ! Messieurs, à son glorieux passé ! à son brillant avenir ! »

Quarante ans plus tard, ce même honneur d'être associé à la gloire de Rude, son maître, sera rendu à Joseph Garraud dans la solennité d'inauguration de la statue de François-Rude, à Dijon, le dimanche 17 octobre 1886. Qu'il me soit permis de reproduire ici les paroles que je faisais prononcer dans cette circonstance :

_____

(1) M. Devosge fils, *ibid.*, p. 23.

« Au nom de la famille de Rude, à laquelle j'ai l'honneur d'appartenir et que je me félicite de représenter, je me plais à honorer la mémoire du noble statuaire, notre illustre parent, dont l'ardent patriotisme est si vibrant dans son groupe du *Départ des volontaires de 1792*.

« En consacrant son génie aux touchants mystères de la religion et en s'inspirant aux clartés du ciel, il a donné à ses œuvres de toutes les durées, la plus impérissable.

« N'oublions pas que Rude a fait école, et en glorifiant le maître, gardons-nous d'oublier ses élèves.

« C'est un devoir bien doux pour moi à remplir, de rappeler ici le nom de l'un d'entre eux, celui du Dijonnais Joseph Garraud, statuaire, petit neveu du musicien J.-Philippe Rameau, élève de Rude en 1833, directeur et inspecteur général des Beaux-Arts en 1848.

« A François Rude et à toutes les célébrités dijonnaises dont les statues, les bustes et les inscriptions commémoratives décorent les rues et les places de notre ville, ils sont la gloire de la Bourgogne et de la Cité qui les a vus naître (1). »

(1) Journal *la Petite Bourgogne*, lundi 8 oct. 1886.

J'ai prononcé, dans une citation précédente, le mot d'*Ecole dijonnaise ;* je rappellerai en terminant ce chapitre les judicieuses réflexions d'un savant critique de Dijon (1).

« L'école des Beaux-Arts de Dijon a produit, depuis un siècle dans le passé : Bornier, Rude, Diebolt, Travaux, Garraud et Cabet, dans le présent : MM. Guillaume, Jouffroy, Moreau, Dampt, Dameron, etc.

« Ce serait peut-être aller loin que de dire qu'il y a une école dijonnaise, comme il y a eu jadis une école bourguignonne, et cependant on peut reconnaître aux artistes sortis depuis un siècle de la florissante école des Beaux-Arts, créée par les Etats de Bourgogne, un caractère commun qui semble être celui de la race elle-même ; à Dijon, dans toutes les branches de l'activité humaine, les talents sont faits de solidité et de force plutôt que de facilité et d'éclat. Aussi la sculpture, celui de tous les arts qui comporte le moins l'à-peu près et l'improvisation rapide, a-t-elle été de tous temps

(1) L'exposition de la Société des Amis des Arts de Dijon, en 1881, par M. Henri Chabeuf, sous le pseudonyme : André Arnoult. Dijon, Lamarche, 1881, p. 2 et 3.

en honneur en Bourgogne et nous dirions volontiers qu'à Dijon on conçoit l'Art et le beau moins comme une poésie que comme une prose mâle et forte. »

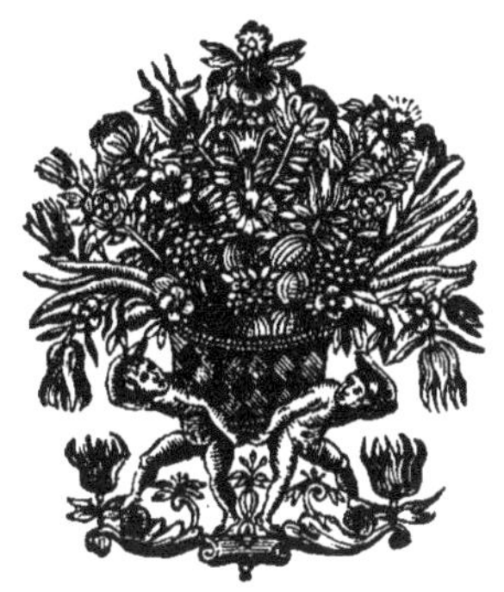

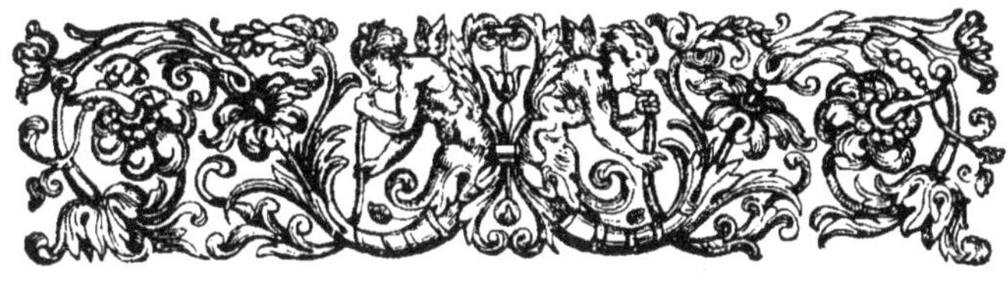

<h1 style="text-align:center">IV</h1>

<h2 style="text-align:center">DE 1848 A 1851</h2>

Mariage. — Famille. — Révolution de 1848. — Direction
et inspection générales des Beaux-Arts. — Candidature
aux élections de l'Assemblée législative de 1849. — Relations. — Evasion de Ledru-Rollin. — Viry-Châtillon. — Réceptions. — Nouvelles œuvres : Statue de la
République. — Descartes. — Monge. — De Thou. —
Nérestang. — Vie de famille.

EN 1845, Joseph Garraud alors âgé de
38 ans avait épousé une jeune fille, originaire de la Suisse, âgée de 23 ans, appelée
Pauline Giroux. De cette union il eut trois enfants :
Gabriel, 1846 ; Blanche, 1850, et Victor, 1852.

Pendant les dix-huit années de paix que venait
de donner à la France le gouvernement de Louis-
Philippe, l'artiste n'avait pas perdu son temps ;
les œuvres que nous avons énumérées, sans

9

compter les travaux privés qu'il n'a pas pris la peine d'enregistrer, en font foi. Les événements politiques, qui à cette époque vinrent de nouveau troubler notre patrie, le lancèrent dans une voie qui, en l'éloignant momentanément de son atelier, ne lui firent pas délaisser les Beaux-Arts auxquels il fut appelé à donner le concours de son talent et de son expérience.

La Révolution de février 1848 avait renversé le trône de Louis-Philippe. Le 24 de ce mois un gouvernement provisoire était constitué ; il était composé d'éléments les plus hétérogènes dont les uns, comme Lamartine, voulaient une république modérée, et les autres, comme Ledru-Rollin, la voulaient sociale avec toutes ses conséquences. Les commissaires extraordinaires envoyés dans les départements présentaient les mêmes dissidences. Ce fut James Demontry, un ami de Joseph Garraud, qu'on envoya à Dijon sa patrie. Les troubles politiques qui marquèrent toute cette année et la suivante de la seconde république française l'obligèrent à s'exiler à Cologne, où il mourut du choléra en 1849.

Le statuaire avait pour ami Ledru-Rollin, l'un des membres les plus influents du gouvernement

provisoire du 24 février et l'un des cinq membres
de la *Commission exécutive* nommée par l'Assemblée constituante du 4 mai 1848. C'est sur sa
présentation qu'il fut nommé, par le nouveau
gouvernement, directeur général des Beaux-Arts.
Cette position élevée convenait mal à son tem-
pérament artistique. Rarement les savants et les
artistes sont des hommes d'affaires et des admi-
nistrateurs.

Joseph Garraud était mal à l'aise dans l'Administration des Beaux-Arts qu'il ne garda que peu
de temps en qualité de directeur général, et de
laquelle il passa, sur sa demande, à l'inspection,
alors occupée par M. Charles Blanc (1). Ce poste
rentrait mieux dans le cadre de ses goûts et de
ses aptitudes. Il occupa cette fonction tout le
temps que le permirent les événements politiques
et la conserva même assez longtemps sous la présidence de Louis-Napoléon. A vingt ans de dis-
tance, j'ai rencontré à Paris des artistes qui se

(1) Paris, le 10 avril. Le citoyen Garraud, directeur provisoire à la division des Beaux-Arts, est nommé aux fonc-
tions d'inspecteur général desdits, par arrêté du ministre
de l'intérieur du 10 avril courant (Ledru-Rollin). *Moniteur
universel* du mardi 11 avril 1848, p. 810. Partie non offi-
cielle. Intérieur.

souvenaient de la compétence et de la bienveil-
lance de leur ancien inspecteur et qui venaient
encore solliciter officieusement ses conseils.

Après les événements de juin 1848, on vota
une constitution qui établissait en principe
une nouvelle assemblée législative de 700 membres.

Dès la fin de cette même anné on s'occupa des
futures élections pour l'assemblée législative qui
fut réunie au mois de mai 1849. On s'agitait
beaucoup à Paris et dans les départements pour
arrêter le choix des candidats à la députation. Le
sculpteur Garraud était trop connu à Dijon et ses
opinions politiques étaient trop avérées pour qu'il
passât inaperçu ; la position même qu'il occupait
au ministère de l'intérieur, dont relevaient les
Beaux-Arts, le désignait encore aux suffrages de
ses amis politiques. Ils lui écrivirent donc pour les
lui proposer. J'en ai retrouvé la preuve dans une
lettre de famille adressée à son frère Louis, à
Dijon, où, après lui avoir parlé de ses affaires et
de ses parents, il lui fait cette confidence. Voici
cette lettre :

MINISTÈRE
DE L'INTÉRIEUR
—
INSPECTION GÉNÉRALE
des Beaux-Arts

RÉPUBLIQUE FRANÇAISE.

Paris, le 24 février 1849.

Mon cher Louis,

..... Plusieurs de mes compatriotes m'ont écrit pour m'engager à me porter candidat aux prochaines élections. Je te prie de me dire ce que tu en penses et de voir si, parmi tes amis et les personnes que tu fréquentes, je puis avoir quelque chance de succès. Ce que je te demande, c'est tout à fait entre nous.

J'embrasse toute la famille. Adieu.

J. GARRAUD,
Inspecteur général des Beaux-Arts.

La dernière phrase de cette lettre prouve bien que l'artiste ne cherchait pas à se glorifier de cette proposition honorable pour lui, ni à en tirer vanité. Ce n'était pas d'ailleurs la tendance de son caractère. Pendant les trente années que je l'ai connu, je ne l'ai jamais entendu, même dans l'intimité, dire quoi que ce fût qui tournât à son avantage. On n'a donc rien exagéré en écrivant de lui, après sa mort, que sa modestie était réelle et que parfois elle était excessive (1). Il ne fut jamais dans les habitudes de sa famille de le pousser dans la carrière politique. Je ne crois pas qu'on lui conseilla d'y entrer, dans cette circonstance ni qu'il posa lui-même sa candidature aux élections de 1849. Néanmoins ses amis lui demeurèrent fidèles en lui donnant leurs voix aussi insuffisantes d'ailleurs que sympathiques.

La position que Joseph Garraud occupa pendant dix-huit mois au ministère de l'intérieur, d'abord en qualité de directeur et plus tard d'inspecteur général des Beaux-Arts, l'avait mis en rapport avec un grand nombre d'hommes politiques de cette époque. Il était déjà en relation avec le monde littéraire et artistique de Paris. Il devint l'ami de plusieurs de ces personnages, nous en avons vu un exemple, et il fut apprécié par tous comme un homme d'une nature sympathique, pleine de franchise et d'honnêteté. On était étonné de trouver chez lui, dont l'éducation et l'instruction premières avaient été des plus simples, autant d'esprit et de distinction. Il avait d'ailleurs toujours été irréprochable dans sa tenue

(1) *Le Progrès de la Côte-d'Or*, n° du 7 juin 1880.

très soignée et ses manières de bon ton. Les relations qu'il eut avec des poètes comme Victor Hugo, Lamartine et Alfred de Musset ; des sculpteurs comme Rude et Pradier ; des littérateurs comme Théophile Gautier ; des artistes comme Rachel et Augustine Brohan ; des musiciens comme Louis Dietsch, son compatriote et son ami, ne contribuèrent pas peu à cultiver les dispositions naturelles qu'il avait à s'élever au-dessus de sa condition.

Plusieurs de ces personnages deviendront bientôt les hôtes assidus de la gracieuse villa qu'il ne tardera pas à aller habiter aux environs de Paris, quand les événements politiques l'engageront à quitter cette ville.

On aimerait à connaître la correspondance qu'il échangea avec les célébrités politiques, artistiques et littéraires de 1848. Que de choses n'y découvrirait-on pas sur les hommes et les choses de cette époque troublée ! Je sais qu'elle a existé, mais c'est tout. C'est à peine si parfois dans l'intimité, il rappelait quelques traits d'esprit de ses anciens correspondants. De toutes ces lettres que j'ai cherchées en vain, il n'est rien resté. Bien des motifs, que nous allons voir, l'ont porté à les détruire. Du reste il était loin de penser qu'un jour on pourrait s'occuper de lui au point de regretter la perte de tout ce qui pourrait contribuer à le faire mieux connaître lui-même et les hommes de son époque.

Depuis quelques mois les événements politiques s'étaient précipités. On était sous la présidence de Louis-Napoléon, nommé le 10 décembre 1848 pour quatre ans. L'affaire la plus grave de ces premiers mois de la présidence fut l'envoi d'une expédition à Rome pour arrêter les progrès de l'Autriche en Italie et essayer de ramener le souverain-Pontife Pie IX, qu'une révolution avait contraint à quitter Rome. Cette expédition durait encore, lorsque la constituante dut céder la place à l'*Assemblée législative* réunie le 28 mai 1849. Les membres les plus ardents de la nouvelle assemblée, au nombre de deux cent cinquante sur sept cent cinquante, protestèrent contre l'expédition qui devait avoir pour effet, selon eux, le renversement de la république romaine ; l'un d'eux même : Ledru-Rollin, lança du haut de la tribune un appel aux armes. Une proclamation de *la montagne* invitait la garde nationale à se lever, les ateliers à se fermer, le peuple à rester debout. M. Ledru-

Rollin descendait dans la rue avec d'autres représentants et se rendait au Palais-Royal d'où il se
dirigeait vers le Conservatoire des Arts et mé-
tiers (1). C'était là que devaient se prendre les
délibérations sous la présidence de Ledru-Rollin.
Les insurgés qui manquaient de munitions per-
dirent du temps à se faire ouvrir les grilles gar-
dées par un simple poste de ligne. Ils avaient
espéré trouver de l'appui dans la garde nationale
du quartier. Cet appui leur manqua. Enfin, les
troupes arrivèrent du boulevard, repoussèrent les
premiers défenseurs de l'insurrection et les représentants s'échappèrent à travers les jardins en
passant par un vasistas de la salle où ils étaient
réunis (2). Leur appel à l'insurrection avait à
peine eu le temps d'être affiché. Tous les représentants dont les noms figuraient au bas furent
renvoyés devant la haute Cour, qui se réunit à
Versailles. Ledru-Rollin resta caché dans Paris,
au vieux Louvre, selon les uns, à La Châtre, selon
d'autres. La vérité est qu'il alla demander asile à

(1) 13 juin 1849.
(2) Voir les détails de cette affaire dans la Biographie de
Firmin-Didot frères. Paris. 1862. Art. Guinard, t. XXII,
p. 750. Art. Ledru-Rollin, t. XXX, p. 278.

son ami le sculpteur Garraud, à Montmartre où habitait ce dernier. Pendant près d'un mois Ledru-Rollin demeura chez l'artiste, réfléchissant sur la gravité des événements passés et constatant pour l'avenir la ruine de son influence. Cependant on était à sa recherche et malgré toutes les précautions que l'on prit, sa présence dans Paris ne put se tenir secrète indéfiniment. Un des maires de Paris, M. Berger, ayant averti que l'on avait découvert la retraite du célèbre Tribun, il fallut prendre la route de l'exil. Là encore son ami lui prouva combien son attachement et son dévouement étaient sincères. Afin de ne point éveiller les soupçons pendant ce départ, qui avait ses dangers, ce fut la femme de l'artiste qui l'accompagna dans une voiture où il était dissimulé derrière un énorme bouquet de fleurs, qu'elle tenait à la main (on était en plein juillet). C'est ainsi que Ledru-Rollin traversa Paris. Il fut bientôt rejoint par son ami qui avait tout préparé pour le voyage. Malgré toutes les précautions qu'il avait prises, il ne voulut point le laisser partir seul, il l'accompagna jusqu'en Belgique d'où Ledru-Rollin en sûreté put gagner l'Angleterre.

Le sculpteur rentra triste dans son atelier, quitta l'administration des Beaux-Arts, mit la dernière main à une statue de la République qui lui avait été commandée par le gouvernement et qu'il livra dans le cours de cette année 1849, puis il songea à quitter Paris. L'influence du prince président grandissait à mesure que les hommes de février 1848 perdaient du terrain. A partir de ce moment l'artiste renonça à la politique militante, nous ne l'y verrons plus rentrer.

Pour se livrer exclusivement à son art et fuir la tentation de se lancer de nouveau dans les affaires politiques, le sculpteur résolut de quitter Paris. C'est pour cela qu'il acheta, à la fin de 1849, une propriété à Viry-Châtillon, proche de Corbeil et à proximité de la gare de Juvisy, sur la ligne du chemin de fer d'Orléans.

Viry est un charmant village peuplé de riches habitations, caché dans la verdure des jardins, bâti sur la déclivité d'un petit coteau d'où jaillissent de claires fontaines, dominé par une vieille et intéressante église romane autour de laquelle dorment les générations qui ne sont plus (1). Du

---

(1) Le père du statuaire : Jean Garraud fut inhumé au

côté de Lonjumeau le beau parc du château de Savigny vient expirer à l'entrée de Viry ; du côté de Corbeil s'étend celui de la duchesse de Raguse. Châtillon est un petit pays, bâti sur la route de Paris. Il dépend de la commune de Viry dont il est distant d'une demi-lieue. C'est entre ces deux villages que se trouvait la demeure du sculpteur, aboutissant à gauche à la route de Paris et à droite au parc de la duchesse de Raguse.

La maison est bâtie entre cour et jardin ; à droite en entrant, l'atelier de sculpture, au milieu duquel j'ai vu se dresser en 1854 la statue de Jean Goujon (1) que des lenteurs regrettables empêchèrent de placer à côté de celle de Descartes, dans les colonnades du nouveau Louvre ; à gauche les dépendances, au fond la maison d'habitation ; par derrière un jardin anglais, à la suite duquel s'étend un vaste enclos de rapport et d'agrément.

pied de cette église, le 29 octobre 1858, décédé dans sa 80ᵉ année.

(1) Jean Goujon, sculpteur, architecte sous François Iᵉʳ et Henri II, tué d'un coup d'arquebuse le jour de la Saint-Barthélemy (1572), pendant qu'il travaillait aux sculptures du vieux Louvre.

Les goûts distingués de l'artiste avaient donné à cette habitation un cachet d'originalité qui s'alliait à une certaine grandeur. Trois pièces surtout méritaient de fixer l'attention. Au rez-de-chaussée la salle à manger, précédée d'un vaste vestibule, était une grande pièce rectangulaire donnant sur le jardin. Le fond de la pièce était occupé tout entier par une grande cheminée sculptée de forme antique, haute de plus de deux mètres, sous laquelle toute la famille pouvait prendre place. En face, la seule fenêtre qui existât, garnie de vitraux à losanges plombés, occupait toute cette paroi et ouvrait sur le jardin anglais. Au plafond, les poutres apparentes étaient peintes de diverses couleurs et garnies à leurs extrémités d'écussons fantaisistes où les outils des sculpteurs se mariaient avec ceux des tonneliers et des menuisiers, laborieux ancêtres du maître du logis. Le salon, vaste pièce carrée, avec laquelle on communiquait par un corridor, avait une cheminée analogue à celle de la salle à manger mais plus richement décorée. Les meubles modernes en étaient impitoyablement bannis; on n'y voyait que de vieux bahuts, de vieux coffres en chêne sculpté et des siéges de même style. Au premier étage, parmi les nombreuses pièces qui le composaient, l'une d'entre elles rappelait l'ameublement du rez-de-chaussée. C'était une grande chambre à coucher avec son lit sculpté dont quatre colonnes torses soutenaient le baldaquin.

Le jardin offrait aussi ses surprises et ses agréments. Placé sur une petite éminence, un kiosque en bois rustique, au toit de chaume, avec sa petite fenêtre garnie de vitraux de couleur, offrait un abri contre les ardeurs d'un soleil trop ardent en été ou contre l'inclémence de la saison tardive, pour les longues causeries après dîner.

C'est dans cette hospitalière demeure que se pressait chaque semaine une société artistique nombreuse, toujours prête à quitter la grande ville pour venir goûter en paix les charmes de la campagne. Parmi les invités et toujours à la première place, on voyait un prêtre déjà âgé (1), habitué de la maison, à la physionomie pleine de finesse et de bonté. C'était le curé du village, qui n'a jamais cessé d'être dans les meilleurs termes avec l'artiste, son paroissien. Ils avaient ensemble plus d'un

(1) L'abbé Ballin, curé de Viry-Châtillon (1796-1876). Condisciple à Versailles en 1818 et ami de Mgr Rivet, évêque de Dijon.

point de contact. L'abbé appartenait à cette génération cléricale qu'avait enflammée le journal
l'Avenir, qui avait été séduite par les idées libérales de Lacordaire, à ses débuts, et par les hautes
pensées et les hardiesses de Lamennais dans ses
beaux jours. A la chute de ce dernier, il avait
gémi en secret et fait le silence sur le génie dévoyé
sans jamais vouloir mal parler de lui. Les idées
du sculpteur, que le curé n'approuvait pas sans
réserve, n'étaient pas toutes opposées aux siennes.
Les relations qui s'établirent entre ces deux hommes
ne furent inutiles ni à l'un ni à l'autre. Le prêtre
trouvera l'occasion d'exercer dans cet intérieur un
fructueux ministère et l'artiste aura en lui au jour
de malheur un précieux soutien pour sa famille
désolée. C'est chez le sculpteur que je rencontrai
pour la première fois ce prêtre excellent, malgré
l'étrangeté de certaines manières. C'est là, on ne
s'en douterait guère, que je commençai des études
ecclésiastiques que ne désapprouvaient pas ces
hommes d'un vrai libéralisme, aux idées avancées,
sans doute, mais avant tout respectueux de la con-
science et de la liberté d'autrui.

Le pasteur avait du tact, il comprenait sur quel
terrain il se trouvait au milieu de cette société

d'artistes ; aussi pour mettre tout le monde à l'aise, le voyait-on venir avec un costume qui, sans être entièrement laïque, l'était cependant assez, pour tempérer l'austérité canonique.

Je ne résiste pas au désir de raconter un des nombreux épisodes que fit naître la rencontre de l'élément artistique avec l'élément religieux chez le sculpteur.

Il y avait ce jour-là nombreuse société chez l'artiste. Augustine Brohan, la grande tragédienne du Théâtre-Français avait à table pour voisin de droite le curé. Elle était dans tout l'éclat de la jeunesse et du talent. Par ses saillies spirituelles et animées elle électrisait les convives. Heureuse de respirer à l'aise hors de Paris, elle comptait passer la journée entière à la campagne. Tout à coup, au milieu du repas, un exprès apporte pour elle une missive de son directeur, l'informant que l'on joue le soir même aux Français et que sa présence est indispensable. Le premier moment de la surprise et du désappointement passé, elle se lève, car il faut partir de suite ; à tout ce monde qui regrette ce malencontreux départ, elle adresse ses adieux, puis, ajoute-t-elle, pour me dédommager de vous quitter si tôt, je vous demande la permission de vous embrasser tous. Et commençant par son voisin de droite, elle fait le tour de la table et disparaît.

Le buste de la tragédienne était au presbytère. Le curé en rentrant un soir en avait rapporté une des petites réductions qui avaient été faites chez l'artiste. C'est là que je l'ai vu pendant mon séjour à la cure de Viry en 1856.

A part les réunions dont nous avons parlé, les habitudes de la maison de Viry-Châtillon étaient paisibles et tout s'y passait en famille. Le sculpteur avait deux enfants qu'il aimait à voir folâtrer sur les pelouses du jardin. Un jour d'été, l'aîné âgé de quatre ans jouait avec un gros chien qu'on appelait *Terreur*. Après de longs ébats, la fatigue et la chaleur aidant, l'enfant tombe sur le chien endormi et s'endort lui-même sur le compagnon de ses jeux dont le corps replié lui fait un moelleux sopha autour duquel gisent çà et là des jouets dispersés. Prendre sa terre et son ébauchoir, modeler ce groupe d'un naturel si parfait et si gracieux, fut pour l'artiste l'affaire d'un instant (1).

(1) Je possède, je crois, le seul moulage qui soit resté de ce gracieux petit sujet. Il mesure 0^m25 de longueur sur 0^m15 de largeur et 0^m12 de hauteur.

Tout paraissait donc changé dans la vie et les habitudes de Joseph Garraud. Depuis deux ans il avait repris son ciseau. La statue de Descartes (1), que l'on voit figurer dans la colonnade du nouveau Louvre à Paris, sortait à cette époque de son atelier. Il envoyait celle de Monge (2) en Angleterre ; deux autres de ses œuvres prenaient place au musée de Versailles ; elles représentent le président de Thou et le marquis de Nérestang (3). Enfin il terminait plusieurs ouvrages particuliers et les bustes de diverses personnes. Il avait assidûment près de lui son vieux père ; sa mère, qui n'avait pu encore se résoudre à quitter Dijon complètement, allait passer chaque année plusieurs mois près d'eux. Il concevait l'espoir d'une troisième paternité et tout semblait lui promettre, dans cette

(1) René Descartes, philosophe (1596-1650).

(2) Gaspard Monge, créateur de la géométrie descriptive, né à Beaune (1746-1818).

(3) De Thou, premier président au Parlement de Paris (1553-1617). Le marquis de Nérestang (Jean-Claude), maréchal des camps et armées du Roi. Il fut reçu grand-maître de l'ordre de Saint-Lazare et de Notre-Dame du Mont-Carmel, après s'être distingué en diverses occasions, particulièrement à Cazal et à Pavie, il fut tué devant cette dernière place le 2 août 1639. (Lettre de M. le Conservateur du Palais de Versailles, 25 janvier 1887.)

gracieuse demeure, une vie paisible d'artiste en renom, quand soudain un événement politique vint bouleverser sa vie. Ce n'est pas qu'il rentrât lui-même dans cette voie d'où il était sorti, mais il allait expier cruellement le fait d'y être entré.

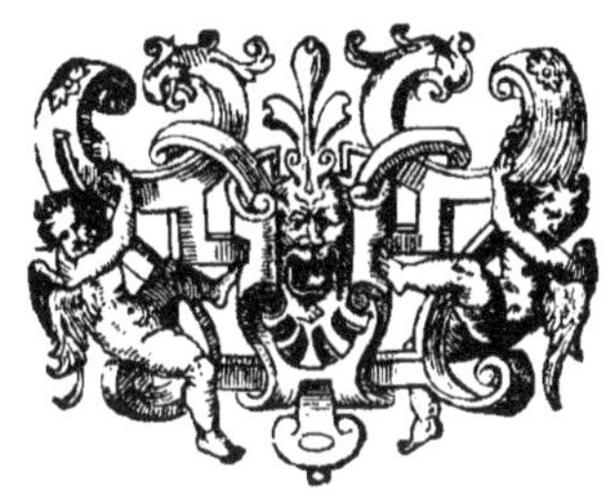

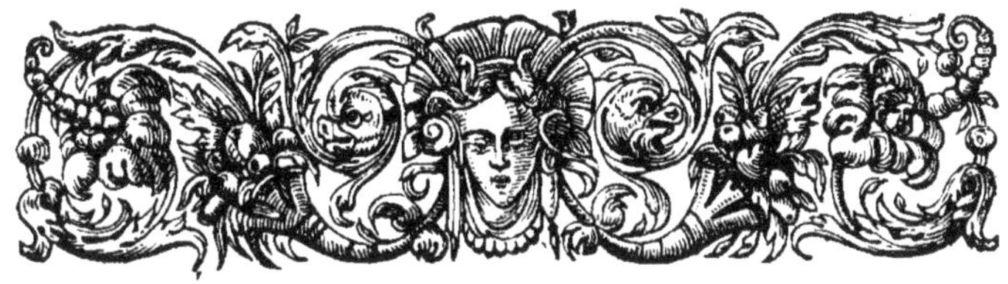

V

DE 1851 A 1860

Le Coup d'Etat. — Déportation. — Portrait physique et
moral de l'artiste. — La captivité. — Le retour. — Baptême de ses trois enfants. — L'inventeur Lécuyer. —
Entreprise de Villenavotte.

DEPUIS le départ de Ledru-Rollin, la démo-
cratie était profondément atteinte, mais
l'entente n'existait pas pour cela entre
la majorité royaliste de l'assemblée législative et
le chef du pouvoir exécutif. De plus en plus le
prince-président prenait une attitude plus ferme
en face d'une assemblée qui lui résistait sans cesse.
Après bien des tiraillements et des apaisements
successifs, l'antagonisme éclata de nouveau à la
reprise des travaux législatifs en novembre 1850

et dans les premiers mois de 1851. L'assemblée refusa de modifier la constitution qui faisait échoir accidentellement, presque en même temps, l'expiration du mandat des députés et celui du président de la République. La situation devenait de plus en plus tendue. Le prince, pour y mettre un terme et pour assurer le renouvellement de son mandat qui n'avait plus qu'un an de durée, prit le parti de faire un coup d'Etat. Les mesures de ce genre, quelquefois nécessaires, dit-on, dans le gouvernement des peuples, sont toujours d'une extrême gravité et engagent grandement la responsabilité de ceux qui les prennent. On n'a pas oublié avec quelle sévérité celle qui nous occupe a été jugée par le père Lacordaire du haut de la chaire de Saint-Roch. L'exécution du coup d'État fut habilement conduite. Dans la nuit du 2 décembre 1851, les principaux députés furent arrêtés à domicile et le palais de l'assemblée fut envahi par la force armée. Des proclamations partout affichées annoncèrent la dissolution de l'assemblée, le rétablissement du suffrage universel, la convocation du peuple en ses comices, du 14 au 21 décembre, la mise en état de siège de tous les territoires de la première division militaire. Sur divers points à la fois, à Paris et dans les départements, des protestations éclatèrent suivies de représailles. Elles furent réprimées par les mesures les plus sévères : déploiement de forces considérables, jugements sommaires, déportations en Algérie et à Cayenne, etc.

Pendant ces événements, que faisait le sculpteur Garraud ? Tranquille au milieu de sa famille à Viry-Châtillon, il s'occupait de l'aménagement d'une partie de son habitation, assistant triste mais silencieux à la ruine du parti républicain. Si le prince voulait être maître de la situation, c'était, disait-il, pour sauver son pays, mais non sans se faire tresser la couronne impériale qu'il obtint le 2 décembre suivant (1852). Tout ce qui pouvait entraver ce projet lui portait ombrage et était réduit à l'impuissance.

L'artiste de Viry avait été trop mêlé aux personnes et aux choses du gouvernement de 1848 pour ne point susciter les défiances et les craintes de l'ombrageux président.

Un jour de décembre, le sculpteur rentrait à Viry, revenant de Corbeil avec des ouvriers qui accompagnaient une voiture chargée de matériaux de construction qu'ils devaient employer chez lui.

Sur la route, deux gendarmes l'appréhendèrent sans lui fournir d'autre explication que celle d'un ordre qu'ils avaient de l'arrêter.

On juge de l'étonnement et de la douleur de son vieux père, de sa femme et de ses enfants à l'annonce d'une pareille nouvelle.

Joseph Garraud avait à ce moment quarante-quatre ans ; il était dans toute la force et la vigueur de l'âge.

Une taille élevée, une démarche assurée sans être hautaine, une tête énergique, que ne déparaient point une chevelure et une barbe abondantes, des yeux profonds, qui lançaient des éclairs dans les moments d'animation et qui devenaient presque doux dans le calme, un front largement découvert, un teint vif et coloré, tout annonçait en lui une constitution robuste et une santé parfaite.

A ces qualités physiques s'ajoutaient de sérieuses qualités morales : généreux jusqu'à la prodigalité, fidèle dans ses amitiés jusqu'à l'oubli de sa propre sécurité, tendre et affectueux pour sa famille et surtout pour ses vieux parents ; franc dans ses allures et dans ses paroles, constant dans ses opinions et oublieux de son propre mérite, il rappelait le type des vieux francs-bourguignons.

Voilà l'homme que l'on entraînait à Brest et que l'on faisait descendre à fond de cale du vaisseau *le Duguesclin*. Les déportés comme lui étaient nombreux. Il avait pour compagnons de captivité : Xavier Durieux, Edouard Kesler, Cahaigne, Lachambaudie, le colonel Mouton et bien d'autres. Quelles tristes journées ! quelle cruelle incertitude sur leur sort à venir ! quelle privation de toutes sortes ! Il en est une qui, pour lui, surpassait toutes les autres.

« Nos souffrances morales, me disait-il un jour, étaient poignantes. La privation de nos familles, la captivité de nos amis, la ruine de la République, étaient sans cesse présentes à nos esprits dans un douloureux souvenir. Quant aux souffrances physiques, nous les supportions avec courage. Plusieurs d'entre nous (et il était du nombre) nous rappelaient qu'en ce monde il faut être philosophe. Pour mon compte, je mangeais, sans trop de répugnance, les fèves cuites à l'eau, dans la gamelle des déportés, mais la privation qui me faissait le plus souffrir, c'était l'absence de mes vieilles pipes. Jamais pendant ces sombres journées je n'ai pu leur dire adieu avec résignation. » On n'en sera pas étonné quand on saura que l'habitude de fumer était invétérée chez lui. Comme Rude, son maître, en modelant ses statues, il fumait sans cesse. Il prenait sa pipe le matin, à son réveil, et il ne la laissait, le soir, dans son lit, qu'après l'avoir fumée une dernière fois.

Ne pouvant rien faire par eux-mêmes pour obtenir leur libération, les déportés n'avaient plus qu'à espérer et à attendre l'intervention d'autrui en leur faveur ; mais qui était capable d'agir utilement ? Leurs amis politiques étaient en exil ou déportés comme eux. Il ne restait guère que leurs familles sur lesquelles ils pussent compter. Celle de Joseph Garraud ne restait pas inactive. La femme de l'artiste, qui allait bientôt avoir sa troisième maternité, n'épargnait ni ses peines ni ses fatigues. Visites, démarches, pétitions, elle tentait tout pour rendre leur père à ses enfants. Elle était soutenue et encouragée dans sa tâche difficile et méritoire par le digne curé de Viry, qui, dans cette circonstance, prouva au sculpteur son sincère attachement et sa profonde sympathie. Il ouvrit à la famille en détresse sa propre bourse, et, ce qui valait mieux encore, son cœur de prêtre.

C'était au président de la République lui-même que Pauline Giroux s'adressait directement. Bien des fois elle demanda et obtint une audience du prince à l'Elysée. Là, avec cette éloquence qui inspire une épouse pour son époux, une mère pour ses enfants, elle sollicitait la libération de son mari, ne cessant d'affirmer l'éloignement de celui-ci pour toute tentative de complot et son désir bien arrêté de vivre en paix dans sa famille, qu'il voulait élever en se livrant à ses travaux d'art. Le prince la recevait avec une froide politesse, promettait d'examiner l'affaire et laissait entrevoir des espérances qui ne se réalisaient jamais. Peut-être pensait-il qu'ayant échappé la capture de Ledru-Rolin, il était bon de garder celui qui lui avait fait perdre ce gage de sécurité.

La libération arriva cependant, et voici comment :

Un soir, le prince était dans sa loge, au Théâtre-Français ; la tragédienne en renom venait de se surpasser dans son rôle. Pour lui donner un témoignage de sa satisfaction, le président lui fit porter un magnifique bouquet de fleurs. Le bouquet revint avec ces mots : « J'accepterai cet hommage, et il me sera deux fois agréable, s'il est accompagné de la promesse de la mise en liberté de Garraud. » Le prince dit oui, et cette fois ce oui ne voulait pas dire non : quelques jours plus tard le statuaire rentrait dans ses foyers. Il y eut encore, ce jour-là, des larmes dans les yeux, à Viry, mais c'étaient les larmes de la joie du retour de l'époux et du père dans sa famille.

Celui qui rentrait n'était plus le même homme : ses yeux étaient enfoncés, ses joues étaient creusées et pâlies, et il souffrait d'une affection du larynx dont il ne se remit jamais complètement. Il lui fallut bien du temps pour se relever du coup terrible qui venait de le frapper.

En rentrant dans ses foyers, Joseph Garraud n'avait pas l'intention de conspirer, pas plus qu'il ne l'avait eue avant son arrestation, mais il entendait garder son indépendance absolue, sa liberté d'allures, sa franchise de langage. Ses convictions avaient été combattues et opprimées, elles n'avaient pas été modifiées. Il ne tarda pas à avoir l'occasion de le prouver énergiquement.

Quelque temps après son retour, le président, devenu empereur, lui fit demander indirectement de modeler son buste, sans doute comme un témoignage de gratitude que l'artiste ne trouvait

aucunement légitime. On n'ignore pas qu'une semblable demande, même indirecte, est l'objet de la
part des artistes de bien des convoitises, parce
qu'elle fait espérer pour l'avenir les commandes
du gouvernement. Sans s'arrêter à ces considéra-
tions, tout à fait secondaires pour lui, le sculpteur
répondit qu'il ne faisait pas le buste d'un tel
homme. Je suis obligé d'adourcir le dernier mot de
sa phrase, que répudient également la politesse
française et la loi judaïque.

Le 18 juin 1852, un nouvel enfant venait
grossir la famille de Viry. C'était celui-là même
qui tant de fois était allé avec sa mère solliciter
d'une manière inconsciente, mais néanmoins élo-
quente, la libération de son père.

Après cette naissance, les semaines, les mois
mêmes se passaient et le curé ne voyait pas venir
de demande de baptême, pas plus qu'au mois de
juillet 1850, après la naissance de la sœur du nouveau-né.

Cette fois, enhardi par des rapports plus fré-
quents et plus intimes, il dit un jour à son paroissien : « Je sais que madame Garraud est originaire
de la Suisse et appartient à la religion réformée,
mais je sais aussi que vous êtes catholique. L'édi-

fication que donne à mes paroissiens, pendant son séjour chez vous, votre digne mère, me prouve que vous avez été élevé dans la pratique de notre foi. Que pensez-vous faire de vos enfants ? Il ne faut pas les laisser païens. — Je vous avoue, mon cher curé, que je n'y ai jamais songé, et je suis persuadé que ma femme n'y a pas pensé davantage. « Eh ! bien, il faut m'amener vos enfants pour que je les baptise. — Je n'y vois aucun obstacle. Donnez-nous seulement le temps de chercher nos parrains et marraines et nous sommes à votre disposition.

Le choix fut bien vite fait. Parmi les six personnes appelées à tenir sur les fonts de baptême ces trois enfants, dont l'aîné avait près de sept ans, on voit figurer la mère du statuaire, alors âgée de soixante-huit ans, son ami Ledru-Rollin, qui se fit représenter par un ami commun, et Augustine Brohan. Ce jour-là, il y eut fête dans la demeure des parents des nouveaux chrétiens et beaucoup d'animation dans le village de Viry, sur les pauvres duquel les parrains et marraines répandirent d'abondantes largesses.

Les allures indépendantes du statuaire n'étaient pas faites pour lui attirer les commandes artisti-

ques du nouveau gouvernement impérial. Aussi,
en reçut-il très peu. La République ne l'avait pas
enrichi ; trente ans plus tard, quand la troisième
République accordera des pensions aux victimes
du deux décembre, il ne sera plus là pour en pro-
fiter, et ce seront ses trois enfants qui jouiront de
la moitié de celle qu'il aurait dû recevoir. En
attendant, il fallait faire vivre sa famille et élever
ses enfants. C'est ce qui le détermina à se lancer
dans une entreprise industrielle qui fut loin de
répondre à ses espérances. Lorsqu'il était sur les
pontons avec ses compagnons d'infortune, il
avait le temps de se livrer à de longues conversa-
tions. Parmi les déportés, se trouvait un certain
M. Lécuyer, de Corbeil, qui lui fit part, en qualité de voisin, d'une invention qu'il avait décou-
verte pour faire d'une manière mécanique, rapide
et peu coûteuse, les briques destinées aux cons-
tructions. Il prétendait que son invention, mise
en pratique, devait donner de grands bénéfices.
Pour cela, il cherchait un emplacement et surtout
des capitaux. Joseph Garraud, avec son imagination vive, eut le tort d'ajouter trop facilement foi
aux paroles de l'inventeur, et de se mettre en
devoir de réaliser l'entreprise. Il installa à ses

propres frais la nouvelle machine dans sa propriété de Viry ; il attira de Dijon, chez lui, la famille de son frère Louis, qui devait lui donner son concours, et obtint des résultats relativement satisfaisants qui l'engagèrent à donner plus d'extension à l'affaire. C'est pendant ce séjour à Viry que son jeune neveu Gabriel prit le goût de l'art, qu'il développa plus tard à Paris, où il obtint des succès à l'école des Beaux-Arts et où il se fixa en qualité de sculpteur ornemaniste.

Joseph Garraud avait, à Paris, des amis et de nombreuses connaissances ; il était convaincu de l'excellence de l'entreprise qu'il avait expérimentée sur une petite échelle ; il n'eut pas de peine à leur faire partager son opinion. On trouva des capitaux ; on monta l'affaire sur un grand pied, après avoir obtenu, à prix d'argent, la cession de l'inventeur.

Des terrains furent achetés à Villenavotte, entre Sens et Pont-sur-Yonne ; on y construisit à grands frais une vaste usine. Les résultats ne répondirent pas à ce que l'on attendait. Après bien des tentatives plus ou moins heureuses, on finit par abandonner la machine. Aujourd'hui encore, le voyageur qui fait le trajet de Dijon à Paris en chemin

de fer, voit, à droite de la ligne ferrée, en passant
par Villenavotte, entre les deux stations que nous
avons indiquées, une briqueterie bien aménagée,
mais qui fonctionne à la manière ordinaire et sans
le secours d'aucune machine. Le résultat le plus
triste pour le sculpteur désabusé, mais trop tard,
fut la perte de tout ce qu'il possédait. Il se vit
dans la nécessité de quitter sa propriété de Viry
et de rentrer à Paris pour reprendre son ébauchoir
qu'il aurait bien fait de ne jamais quitter.

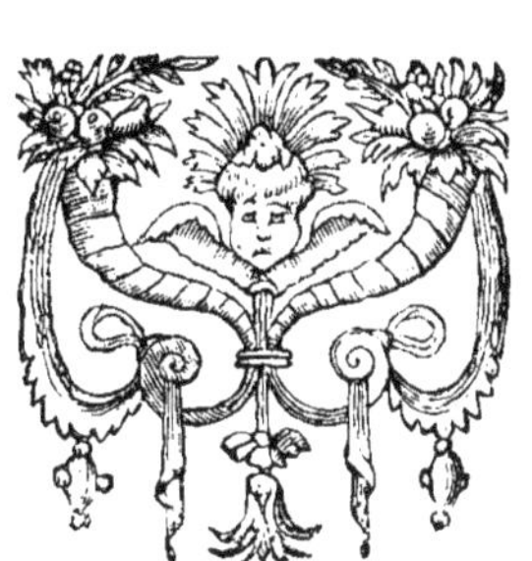

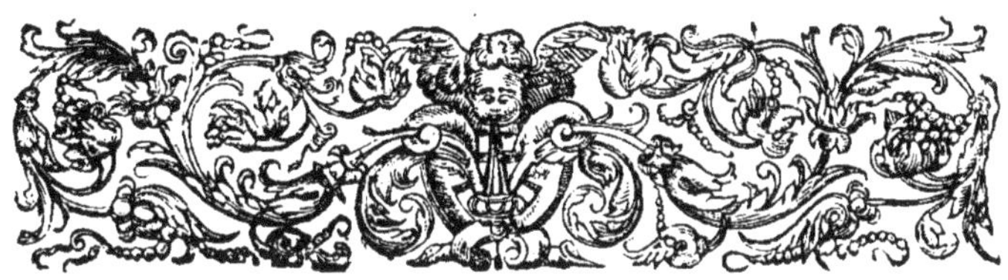

VI

DE 1860 A 1880

DE retour à Paris, Joseph Garraud alla se
fixer dans son ancien quartier. C'est à
Montmartre qu'il retint un petit appartement où il reprit ses travaux. L'ouvrage que
garde le Musée de Dijon, *le Secret de l'amour*, est
de cette époque et prouve que le sculpteur n'avait
rien perdu de son talent. Quel que soit le jugement
que l'on porte sur cette œuvre, à laquelle certains
critiques reprochent avec justesse un caractère
trop passionné, on ne peut méconnaître en elle la

perfection du modelage. Cette jeune femme étendue sur un moelleux divan où s'enfonce un corps d'une rare beauté et qui prête l'oreille aux paroles du perfide Cupidon lui livrant son secret, forme une œuvre de statuaire remarquable d'exécution. Ce travail demeura longtemps à Paris ; en 1878, après son retour à Dijon, l'auteur le fit venir, l'exposa chez un sculpteur de la ville (1), puis le fit placer au Musée, où il était encore au moment de sa mort. Ses enfants ont eu la bonne pensée de le céder à la ville de Dijon pour son Musée.

Des travaux particuliers occupèrent encore cette époque, de la vie de l'artiste à Paris ; mais bientôt, il dut y renoncer, au moins en partie, par suite d'un affaiblissement de la vue qui lui était survenu. Son existence était calme, quoique désenchantée. Il ne lui restait guère de satisfaction que celle qu'il trouvait dans sa famille et dans celle de son frère, où il venait régulièrement, chaque semaine, voir sa vieille mère, ainsi que chez des amis que la mort faisait de plus en plus rares.

(1) Chez M. Schanosky. Voyez : Catalogue du musée de Dijon, 1883, p. 302, n° 1020.

Survinrent les terribles événements de 1870-1871, pendant lesquels il dut subir les épreuves du siège de Paris. Sa robuste constitution, déjà ébranlée en 1851 par la déportation, fut profondément atteinte pendant ces jours de deuil de la patrie, par les privations de toute sorte et par les douleurs morales.

Quand la paix fut rétablie, il ne fut pas délivré de ses maux; ce fut au contraire pendant les cinq années qui suivirent la guerre franco-allemande qu'il eut le plus à souffrir moralement.

Il se trouvait seul dans Paris à un âge où ses amis contemporains disparaissaient chaque jour. Il avait rendu les derniers devoirs à son père, mort octogénaire à Viry, en 1858. Sa mère, qu'il avait encore à l'âge de 60 ans, était morte chez son frère Louis, à Paris en 1867, âgée de 83 ans. Il perdait sa femme, en 1873, à peine âgée de cinquante ans; ses trois enfants étaient mariés et établis. L'aîné était entré dans l'administration des télégraphes, le plus jeune dans celle des ponts et chaussées et sa fille avait uni ses jours à ceux d'un artiste peintre de talent, à Paris. La famille elle-même de son frère était rentrée à Dijon après la guerre, en 1871. Il se trouvait donc dans l'isolement le plus complet, à un âge où il aurait eu tant besoin d'être entouré, quand un événement de famille vint lui ménager le repos de ses derniers jours dans sa ville natale.

Le frère de sa mère, Pierre Durupt, mourait sans enfants (1), à Dijon, en 1875, âgé de quatre-vingt-cinq ans, dans la vieille maison paternelle des Durupt-Rameau (2). Le sculpteur était l'aîné de ses neveux et de ses héritiers. Il rentra donc, pour sa part, dans une partie du patrimoine de ses ancêtres maternels, augmenté par les rares avantages qu'avait eus son oncle, qui l'avait fait fructifier (3). Cet héritage lui permit de songer définitivement à la retraite et de venir terminer ses jours à Dijon, ce qu'il avait toujours rêvé. Il s'y promettait une longue et tranquille vieillesse dans le pays de son

(1) Louis Durupt, son unique fils, est mort, âgé de 17 ans, en 1846. Son portrait, fait par Joseph Garraud, est conservé dans sa famille.

(2) Cette maison, construite au xvi⁰ siècle, est restée dans la famille : c'est le frère du statuaire qui la possède et l'habite, rue Verrerie, 33. On y remarque d'intéressantes sculptures de la Renaissance.

(3) Tout le bastion Saint-Georges, situé autrefois entre la porte Guillaume et la porte d'Ouche, appartenait à Pierre Durupt, qui en fut exproprié pour une somme assez importante lors de la construction de la voie ferrée entre Paris et Lyon.

enfance, qu'il aimait tant à voir transformé et que son imagination transformait encore davantage pour l'avenir. Hélas! il ne put jouir de la réalisation de ses rêves que pendant cinq années à peine.

Il avait retrouvé à Dijon quelques vieux amis et une famille qui le chérissait. C'est Dijon qui avait eu les prémices de son talent, c'est Dijon qui devait avoir ses dernières productions.

En 1877, malgré l'affaiblissement toujours de plus en plus grand de sa vue, il modelait le buste de Jean-Jean Cornu pour le monument élevé sur sa tombe dans le cimetière de Chenôve, près Dijon (1). Son dernier ouvrage, auquel je l'ai vu travailler en 1878, dans la petite rue du Château, qu'il habitait alors, était une statuette de la République, à laquelle il voulait faire hommage de sa dernière œuvre. Je le vois encore, m'expliquant son idée en me montrant la République debout, pleine de vigueur, sous les traits d'une femme robuste, drapée à l'antique. A ses pieds, voici le lion, emblême de la force, qui la défend; à côté, la ruche, symbole du travail de tous, qui

—————

(1) Jean-Jean Cornu, peintre paysagiste, né à Chenôve en 1819, mort au même lieu en 1876.

doit lui donner la richesse et la prospérité; tout autour, les attributs des sciences, des lettres et des arts qu'elle protège et qui l'embellissent. Ce sujet a été coulé en bronze et ses amis se sont partagé les reproductions après la mort de l'artiste. En dernier lieu, il avait loué un appartement sur le Chemin-Couvert, en face des tours en ruine de Louis XI, dans ce quartier que va bientôt faire disparaître un nouveau boulevard en projet. Il s'y était arrangé une demeure simple, mais confortable et presque élégante, entourée de verdure. Il n'en jouit pas longtemps. La maladie de larynx dont il souffrait de longue date faisait de rapides progrès. Ses parents et ses amis l'entouraient et lui témoignaient une sympathie dont il se montrait touché et reconnaissant, mais il ne se faisait pas illusion sur la gravité de son état. Le vendredi 4 juin 1880, il disait à ceux qui l'entouraient : « Cette nuit sera ma dernière. » Ce fut en effet le 5 juin, à 3 heures du matin, que la mort vint doucement le prendre. Il avait soixante-treize ans et deux mois.

Le lendemain, il se trouva encore de nombreux Dijonnais pour l'accompagner à l'église et de là au cimetière, où il alla mêler ses cendres à celles

de ses aïeux. Ses trois enfants, qui étaient accou-
rus pour lui rendre les derniers devoirs, trouvèrent
chez lui un beau portrait de leur père, peint par
Félix France pendant les dernières années de la
vie du sculpteur. C'était l'objet le plus précieux
de son mobilier. Ils eurent la générosité d'en faire
hommage au Musée de la ville de Dijon, et il y
figure dans la salle réservée aux artistes dijonnais (1).

Avant de quitter la tombe de leur père, sur
laquelle ils ont fait élever un modeste monument,
surmonté d'une croix, ils y ont fait graver, sur la
pierre, ces simples mots :

JOSEPH GARRAUD
STATUAIRE
REGRETTÉ DE SES ENFANTS

Il mérite aussi les regrets de ses compatriotes,
car il fut du nombre des Dijonnais sincèrement
attachés à leur pays, qui ont ajouté à la gloire
que lui procurent les plus nobles de ses enfants.

(1) Catalogue du musée de Dijon, 1883, à l'*errata* de la
fin, n° 292 bis.

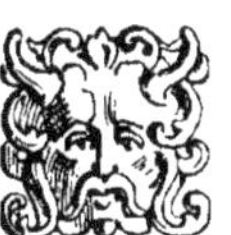

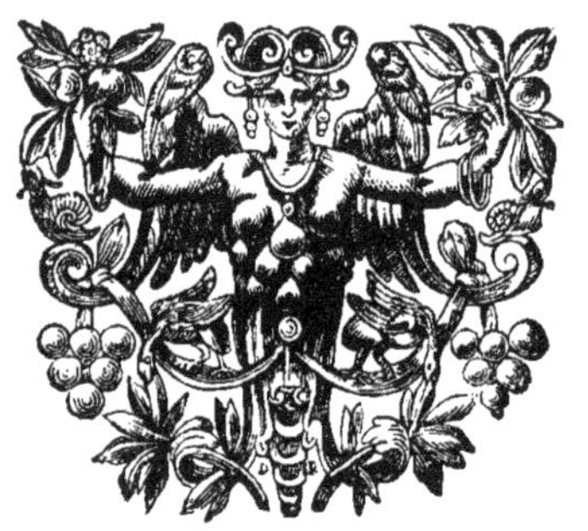

ŒUVRE DE JOSEPH GARRAUD

1825. Orphée, statue en pierre au musée de Dijon.

1825. Quatre bas-reliefs en argile crue, d'après l'antique, ornant le piédestal du Gladiateur combattant, au musée de Dijon (1).

1838. Hercule délivrant Prométhée (médaille, salon 1838).

1839. Jeune fille jouant avec sa chèvre, groupe en bronze, dans la cour de la Maison Dorée, à Paris.

1840. La Vierge-Mère, commandée par le ministère de l'Intérieur pour l'église d'Issoire.

1841. Bacchante faisant l'éducation d'un jeune satyre.

1844. Le marquis de La Place (1749-1827) statue de marbre dans la salle des cours d'Arago, à l'Observatoire, à Paris (médaille, salon 1844).

---

(1) 1826. Sculptures de la maison égyptienne, passage du Caire, à Paris. — 1831. Fronton du château de Saint-Germain-en-Laye.

1845. La première famille sur la terre, groupe en marbre, dans le jardin du Luxembourg.

1849. Statue de la République.

1850. GaspardMonge (1746-1818), en Angleterre.

Petit groupe de l'Enfant endormi sur un épagneul.

1853. Descartes (1596-1650), dans la colonnade du Louvre, à Paris :

1854. Jean Goujon, sculpteur, mort en 1572.

1854. Un des frontons du Louvre, représentant l'Agriculture.

1863. Le secret de l'Amour, au musée de Dijon.

1878. Statuette de la République.

BUSTES CONNUS

1825. Simon Durupt (1751-1826), aïeul maternel de l'artiste.

1825. Pierre Durupt (1791-1875), oncle maternel de l'artiste.

1832. Ligier, Philippe-Jean-Germain, né à Dijon (1785-1829), époux de Joséphine Juillet-de-Saint-Pierre.

1832. Gacon, Charles-Antoine, avocat, membre du conseil municipal de Dijon (1793-1859). Buste en terre cuite, dans une des salles de la bibliothèque de Dijon.

1832. Prieur de la Cote-d'Or, l'un des fondateurs de l'école polytechnique (1763-1842).

1839. Barbès, conspirateur sous Louis-Philippe (1810-1870).

1835. Lagrange, Charles (1804-1857).

1848 et années suivantes. James Demontry (1806-1849). Né à Dijon. Buste au musée de Dijon. Catalogue, 1883, p. 302, n° 1021.

Ledru-Rollin (1808-1874).

Augustine Brohan, de la Comédie-Française, née en 1825.

De Thou, premier président du Parlement de Paris (1553-1617).

Le marquis de Nérestang, mort en 1639. Ces deux derniers dans les galeries de Versailles.

MM. Taillefer, D^r médecin (1802-1868).
Lisson.
Buvigner, Eusèbe (1812-1860).
Le colonel Thirion.
Camille Polonceau, ingénieur (1813-1859).

1877. Jean-Jean Cornu, peintre-paysagiste (1819-1876).

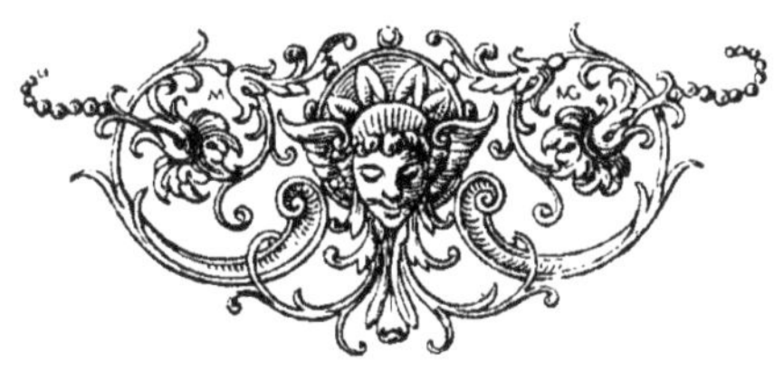

Dijon. — Imp. Darantiere

DU MÊME AUTEUR

1865. — Vie de Saint Valentin de Griselles.

1865-1886. — Vingt-trois brochures du Calendrier liturgique, suivies d'un cours de liturgie.

1870. — Le Dogme de l'Infaillibité papale.

1871. — Mémoires sur l'Invasion allemande.

1875-1881-1886. — Opuscules du Jubilé.

1876. — Biographie de Rameau.

1877. — Notice sur Notre-Dame de Lourdes.

1880. — Manuel de l'Adoration perpétuelle du Très Saint Sacrement.

1886. — L'Œuvre religieuse de Rude.

TABLE

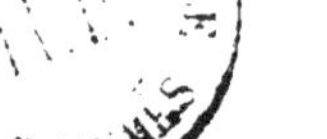

BIBLIOTHÈQUE BOURGUIGNONNE
